お店やろうよ！②

はじめての「癒しサロン」オープンBOOK

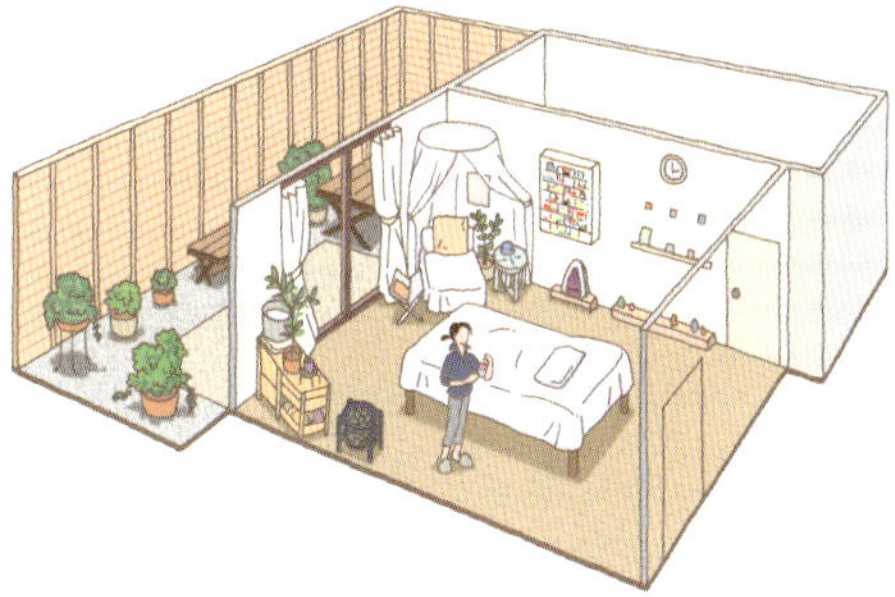

技術評論社

癒しサロンのオープンは こんな人におすすめ!!

人気サロンのオーナーたちの表情を見ていると、本当にこの仕事が好きなんだな〜と思います。「癒し」の仕事は、人を喜ばせるのはもちろん、自分自身が癒されることもあるようなのです。

au salon

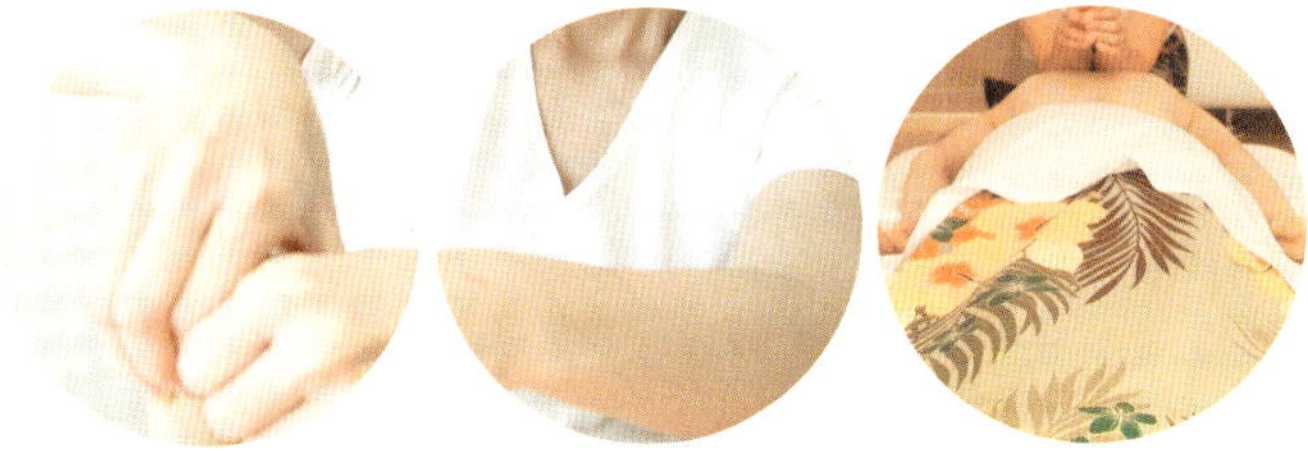

本書には、11店の癒しサロンと、そのオーナーさんが登場します。それぞれ得意メニューは違いますが、人を「癒す」という仕事に誇りを持って取り組んでいます。

彼・彼女たちは今、オーナーとして人気サロンの経営に多忙な毎日を送っています。そして、ある時点で人生のターニングポイントを迎えたという点で共通しています。前職は、経理事務員、歯科衛生士、外食レストラン勤務、メーカー勤務、保育園の栄養士、プログラマー、インテリアデザイナーなど多方面にわたります。

皆さんが「自分に合ったスクール探し」が大切と口をそろえました。昼間は働き、夜は出張カイロとい

les gens

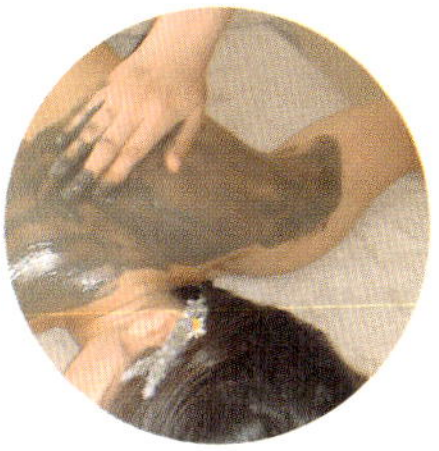

う生活を2年間も続けた経験を持つ「comfort table」の菊池さんは、「でも不思議と、どんなに忙しくても楽しいんです」と笑います。

「incondition」の関口さんは、「クレーム対応などは、自分を向上させてくれます。それは独立してから大きな力となります」と語ります。

施術していると、不思議と自分も癒されるというような話は、異口同音に何人かの方からお聞きしました。

でも実は、サロンでは笑っていても、お客さまには見せない部分がタイヘンなのです。

健康に関しての厳しい自己管理。人を気持ち良くさせるために、充実した日々を送ること。開業後にもスキルアップのための勉強を怠らないこと……。

つまり、つねに自分の立ち位置を見つめ、迷わず目標に向かって前進できる人に、道が開かれているのです。その先に、「癒し」が見つかります。

癒しサロン開業で成功する人とは

①癒しサロンが好きな人
②健康的で、自己管理ができる人
③お客さまをもてなすのが好きな人
④明るく、誰とでも仲良くなれる人
⑤スキルアップのために努力する人
⑥粘り強く、簡単にあきらめない人
⑦確実な計画づくりができる人
⑧利益を上げる経営戦略ができる人
⑨お客さまの話を、よく聞ける人
⑩お客さまを癒すために、充実した毎日を送っている人

1人のリフレクソロジストがもつ技術にもニーズの多様化が見える

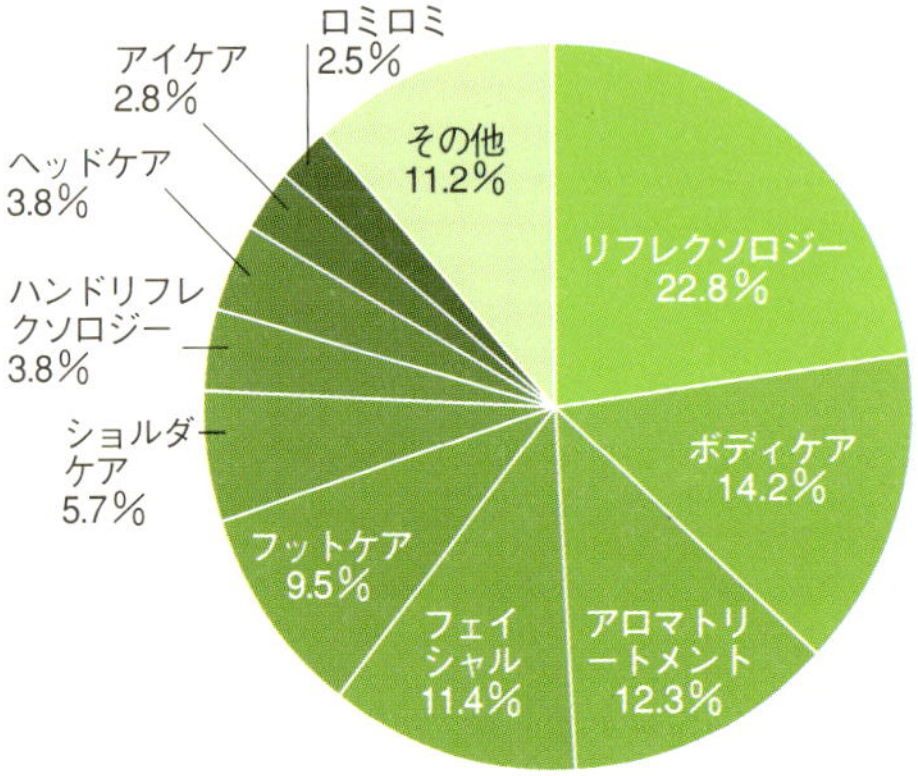

（出典：日本ハイブリッド・リフレクソロジー協会［http://www.foot-body.com/］調べ04年）

癒しサロンでは、独自の複合的なサービスを提供することが一般的になっている。活躍の場を広げるためにも、複合的な施術を身につけておくことが大切だ。

あなたの「癒されたい度」は？

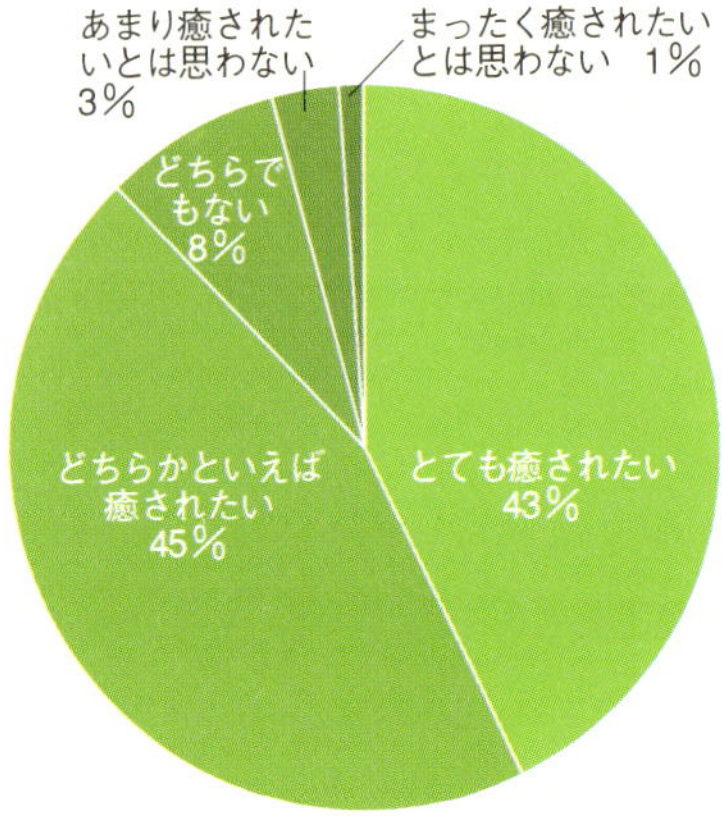

（出典：BIGLOBEインターネットリサーチ「DR1」の「癒しに関する意識調査03年」）

とくに「癒されたい」と思っているのは、女性の20代と30代。「とても癒されたい」は、男性20代の比率が高く、「こころが癒されたい」は男性30代に多かった。

人を癒す仕事はこんなに素晴らしい!!

今の世の中、ストレスや慢性疲労に悩む人が多くなっています。
会社の休み時間にクイックマッサージに通ったり、自宅でアロマに浸ったり。
そして、自分でやってみたいという人も……。

本書に登場するオーナーさんのほとんどが、前職を持ち、ストレスを感じながら働いていました。そして、いつか「癒し好き」が高じて自分だけのサロンを実現したのです。

どのサロンも、現在は人気店ですが、オープン当初から順調にいったわけではありません。地元の情報誌に広告を掲載したところ、3カ月間で問い合わせは、たった1件だとか、売り上げが落ちているにもかかわらず予約が重なって泣く泣く断ったなどなど、うまくいかないことも。

このような現実はありますが、癒しサロンをやってみたいという声は絶えません。ベッド1台あればワンルームマンションでもできるとあって、子どものいる主婦や自宅をベースに開業したいという人、脱サラした男性の志望者も少なくありません。

なぜ「癒される人」は「癒す人」になりたいと思うのか？　それは、人に喜ばれ、「感動」を与えることを知っているからなのでしょう。

données de salon

●「癒しグッズ・サービス」を選ぶときの決め手は？

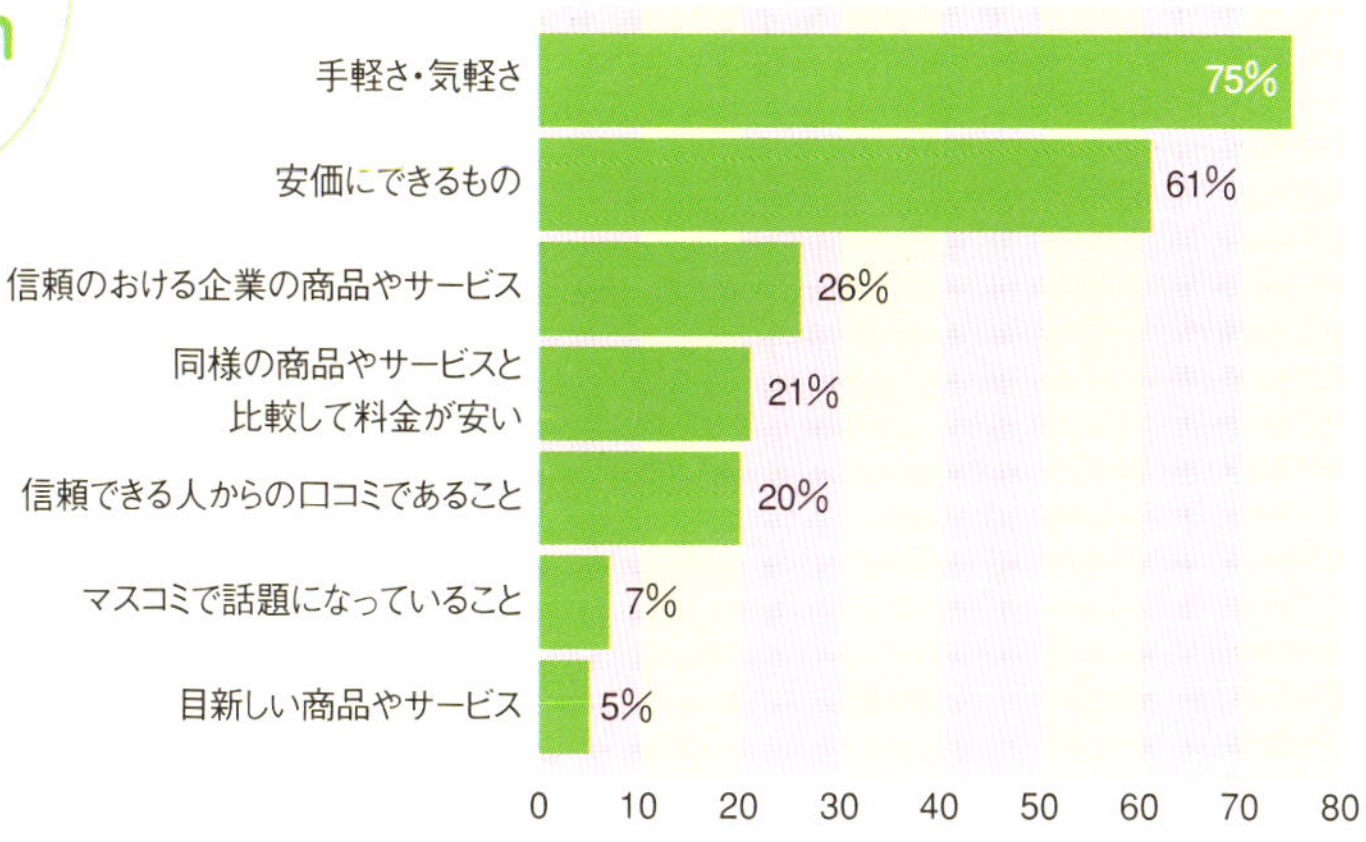

（出典：BIGLOBEインターネットリサーチ「DR1」の「癒しに関する意識調査03年」）

「手軽さ・気軽さ」「安価」のほか、性別での特徴は、男性が「信頼のおける企業」、女性は「口コミ」を選択の決め手にしている点が目立つ。

●リラクゼーション施設の利用者の不満ワースト10

1	遠い	15.0%
2	立地が不便	6.6%
3	コストパフォーマンス	6.2%
4	混雑している	4.0%
5	営業時間が短い	3.0%
6	サービスの均一性	2.3%
7	設備・器具	2.0%
8	専門性	1.8%
9	清潔さ・きれいさ	1.7%
10	従業員の専門知識	1.4%
11	プライバシーへの配慮	1.2%
12	従業員ホスピタリティ	1.2%
13	利用者の同質性	1.2%
14	対応の公平さ	1.0%
15	個別ニーズ対応	1.0%
16	ブランドの魅力	1.0%
17	てきぱき反応	0.9%
18	評判の良さ	0.8%
19	サービスの魅力	0.6%
20	気軽さ	0.5%

（出典：中小企業総合事業団調査・国際部「平成11年度　需要動向調査報告書（余暇生活関連）」）

リラクゼーション施設を選ぶ際に重視する点では、とくに女性30～40代で従業員のもてなし、対応などを重視。人、モノ、雰囲気などで個別ニーズへの対応を図ることが必要だ。

先輩オーナーはどうやって開業したの？

本書に登場する癒しサロンのオーナーさんは、皆さんスクールの卒業生。働きながら通ったり、職を投げ打って入学したり。スクールを選ぶときの注意点は「自分が気持ちいいと思ったところを選ぶこと」と、アドバイスします。

女性オーナーでは、おおよそ30歳前後で、この180度違った人生へと歩み出しています。

現在スクールに通っていて、卒業と同時にサロンを開業しようと思っている人もいるかも知れませんが、急ぐことはありません。お客さまとの対応が大事なだけに、いろいろと社会のことを学んでおいたほうが役立つこともあるはずです。

それに、お客さまのニーズが広がり、いくつもの技術を持っていることが当たり前になっています。スクールで学ぶことも大事ですが、それ以上に現場で学ぶことが、お客さまの満足につながるのです。

サロンを開業し軌道に乗せるには、さまざまなステップがあります。先輩たちに学びましょう！

はじめての癒しサロン
オープンまでのスケジュール

下のスケジュールは、プロを養成するコースを修了し、半年以上のサロン勤務を経験した場合の例。まず開業時期を決め、1年間のスケジュールを立てよう。

1〜3カ月目 人気サロンをめぐってみよう！

技術を学ぶなら、単発のセミナーから、1週間程度の集中講座、数カ月〜1年の通学コース、通信教育までスクールごとにさまざま。学びながらも人気の癒しサロンをめぐり、人気のヒミツを参考にしよう。

やっておきたいこと

- 雑誌、HP、ブログなどで最新情報をチェック。
- なぜ人気があるのかを分析。直接お店の人に聞くのも○。
- 自分に合ったスクールを選び、基本的な技術を学ぶ。プロ養成のコースは早めに。

▼

4〜5カ月目 理想のサロンを考えよう

技術があるだけではサロン経営は難しい。くつろげる雰囲気を出すには、どんな工夫が必要か、付加価値をつけるための方法など、自分にとって魅力のあるサロンの姿を紙に書き出してみよう。

やっておきたいこと

- 人気サロンのつくりがどうなっているか、ニーズ分析。
- 接客、メニュー、カルテなど、個人ニーズの応え方。
- 開業方法の見極め。自宅か賃貸物件か、など資金計画とともに明確化する。

▼

6〜8カ月目 オープンに向けて準備開始

自宅以外で開業する場合は、立地条件を考え、希望エリアの物件相場を調査。サロンを経営するうえで必要になる機器、備品には何があるのか、それぞれの価格、購入先なども調べよう。

やっておきたいこと

- 希望エリアの物件相場、商圏エリアの実態調査など。
- 基本的な店舗設計や、必ず必要になる設備機器についての知識をつけよう。
- お客さまをもてなす家具類、ティーセットなども用意。

▼

9カ月目 いろいろなモノをそろえよう

アロマオイルをはじめ、タオル、パウダー、枕、可動式の棚などの購入先を決めよう。またベッド、チェアなどを取り寄せるなら早めに。物件を改装するなら工事を発注し、打ち合わせを重ねること。

やっておきたいこと

- 購入先、選ぶポイントなどを知っておくこと。
- 内装デザインが決まったら、施工会社に発注する。細かいところまで具体的に説明。
- 改装工事のうち、自分たちでできるところの確認。

▼

10カ月目 お金の準備をしっかりしよう

開業方法によって必要になる資金はまちまちだが、自己資金が不足している場合は、融資先を考えなければいけない。売り上げ目標を立て、無駄な部分は削るなど、しっかりした開業計画書を書こう。

やっておきたいこと

- 自分のサロンでの売り上げ目標を立て、毎月の利益について明確にしておこう。
- お金の借り方、開業計画書の書き方について学ぼう。
- 開店する前後で、どんなお金が必要になるか考える。

▼

11〜12カ月目 さあ、オープン直前

サロンの名前を考えたり、看板をつくったりのほか、開店告知の方法、接客の基本ルールについて再確認。1人でも多くのお客さまに覚えてもらえるためにチラシ配りをしてもいい。

やっておきたいこと

- 備品類の納品、メニュー、看板の確認、DMなどの発送。
- 工事が完成したら、カーテン、照明などをつけ、雰囲気の確認をすること。
- お客さまを気分良く迎えるためにリハーサルしよう。

c o n t e n t s

第5章 成功を目指すなら お店の盛り上げ方も学ぼう！

最後の仕上げをしっかりと

注目サロンとっておきセラピー

癒しミニ講座

column

自宅を改装したアットホームなサロン

山のなかの一軒家で
海に抱かれたような
トリートメント
タラソ＆アロマ
トリートメントサロン
Energy Field
(042P)

夫婦がともに
得意分野を生かした
地域の人に
愛されるサロン
リラクゼーション
スペース
incondition
(048P)

毎日通いたくなるクイック感覚のサロン

多彩なメニューは
選ぶのも楽しくなる！
natural
treat
(054P)

ショッピング
センターの一角で
独自のサービスを
展開
Natural
body 宇都宮店
(060P)

吉祥寺にこだわり
カジュアル＆
リーズナブルに！
Nail Design
Salon&College
(066P)

友達の部屋を
訪れたように
リラックス
できる空間
Relax Plus
(072p)

オーナーのこだわり　＝立地　＝サロンづくり　＝接客
＝技術メニュー　＝コンセプト、テーマ性

第1章

お手本にしたくなることがいっぱい！

どうしても知りたい!!
人気癒しサロンのヒミツ

リフレ、アロマ、ロミロミ、ネイル……たくさんの癒し系サロンがオープン。
「癒し」を求める人を数多く惹きつける、
そのヒミツとは何でしょう？　ここに集めた実例を参考に、
あなたのサロンづくりに生かしましょう。

隠れ家的な雰囲気を味わえるサロン

ハワイアン
リゾートに滞在――
そんな気分に浸りたい
リゾート
ヒーリングサロン
makana
(012P)

ホットストーン、
オーラソーマで
癒すスピリチュ
アル系サロン
Natural Happy
(018P)

マタニティコースもある
住宅街のプライベートサロン
アロマテラピー
サロン
AQUA
(024P)

こだわって実現した癒し空間

スタイリッシュ＆
モダンな大人のサロン
アロマトリートメント＆
リラクゼーションサロン
comfort
table
(030P)

カフェ＆コンテナガーデンも
楽しみな女性専用サロン
pierna
(036P)

ハワイアンリゾートに滞在——そんな気分に浸りたい

"Aloha" と書かれた扉を開け、
右手のらせん階段を上がると、
コロニアル風のリゾートホテルのような、
優雅な空間が目の前に広がる。
ゆるりとした、くつろぎのひとときが
ハワイアンミュージックとともに
流れていく。

リゾートヒーリングサロン
makana
神奈川県横浜市

1階はリフレクソロジーのお客さまのためのカウンセリングルーム。入り口から入って右手にらせん階段があり、そこから2階のマッサージルームへ上がれるようになっている。

オーナーのこだわり

…非日常的なリゾート空間を徹底するため、コロニアル風の演出で店内をまとめた。
…伝統的癒し技術ロミロミをはじめ、アロハ・スピリッツがmakanaの原点。
…お客さまが贅沢に過ごせるよう、心のこもった施術でもてなす。

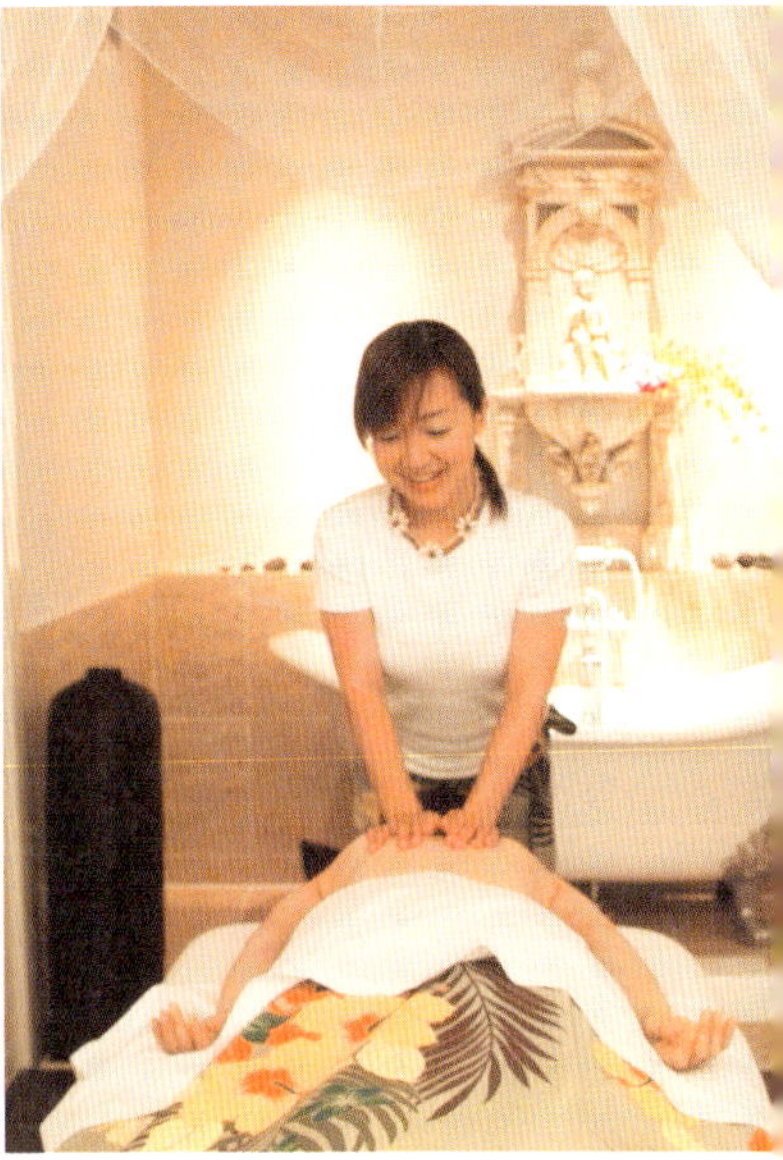

(右)2階のマッサージルームは、主に福島さんが接客するロミロミのお客さま用。リピーターの方に猫足バスタブも利用してもらうため、浴室との境に排水溝も設置した。／(中)エントランスに設置した噴水。施術中に水のはじける音が静かに店内に響き、お客さまの心に安らぎをもたらしてくれる。銀座のアンティークショップで見つけてひと目惚れして購入。／(左)入り口にはちょっとしたエントランスを設けている。メニューボードにも遊び心がいっぱい。

ヒーリングリゾートのような自分をリセットできる空間

南の島のビーチハウスのようなエントランスを入り、右手の急勾配のらせん階段を上がると、高級リゾートホテルの一室のような空間が目に飛び込んでくる。

コロニアル調の室内には白いレースの天蓋が張られたベッドがあり、その上にウェルカムフラワーが置かれている。丸みを帯びたラタンチェアやテーブル、そして奥には猫足バスタブ。さらに1階から2階にかけての吹き抜けの壁にはスクリーンがかけられ、ハワイの風景が映し出されている。静かに流れるハワイアンミュージックも心地いい。

迎えてくれたのはオーナーの渡邉克基さんと、店長の福島園子さん。優しい笑顔の2人である。

「家庭でも職場でも、本当に疲れている女性が多いですよね。そんな方々が、リゾートホテルに滞在しているような感覚で、心身ともにゆったりと、くつろいでくれたらいいなと思っています」と渡邉さん。

makana開業のきっかけは、2人の出会いにさかのぼる。「もともと人にマッサージしてあげるのが好きだったのと、人に喜ばれる仕事がしたいと思っていました」という福島さんは、雑誌で見つけた日本リフレクソロジー協会の直営校へ入校。卒業後、同校直営のサロンへ勤務した。そこで出会ったのが渡邉さんだった。

「仲間同士の飲み会で話すうちに、サロンや接客の考え方で意気投合することがとても多かったんです」と福島さん。

渡邉さんの実家が所有する横浜市南区にあるアパートで、ちょうど引っ越しが重なって部屋が空いたことから、ここでのオープンに決めた。

「海やハワイが好きなのでヒーリングリゾートのような、お客さまが自分自身をリセットできるサロンを目指しました」

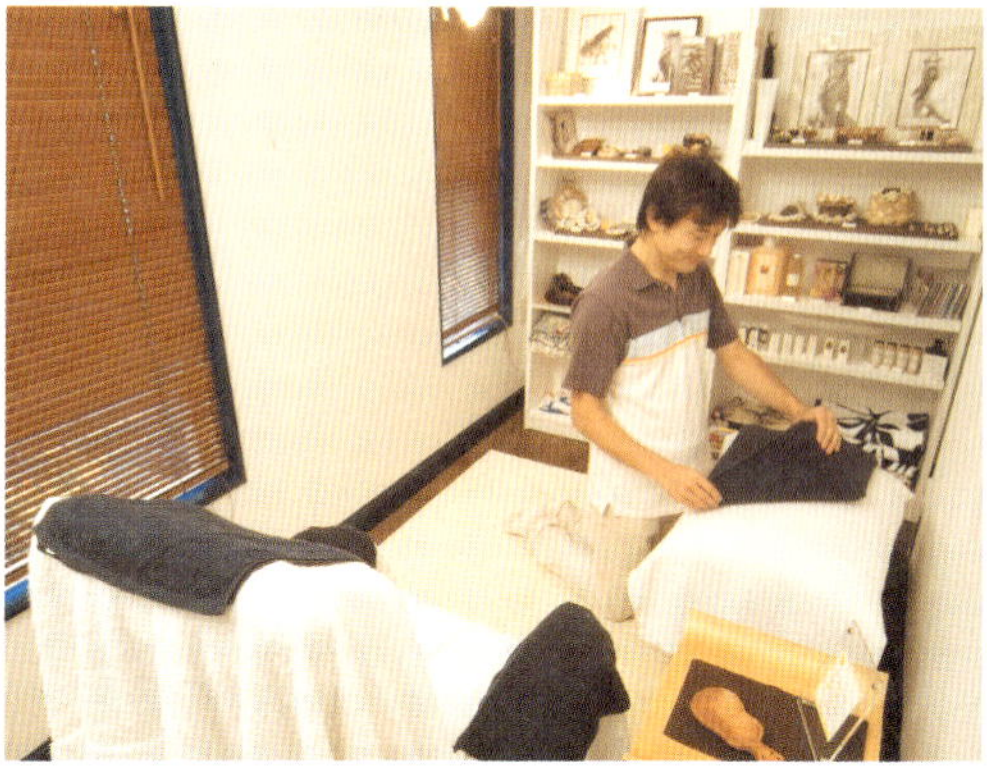

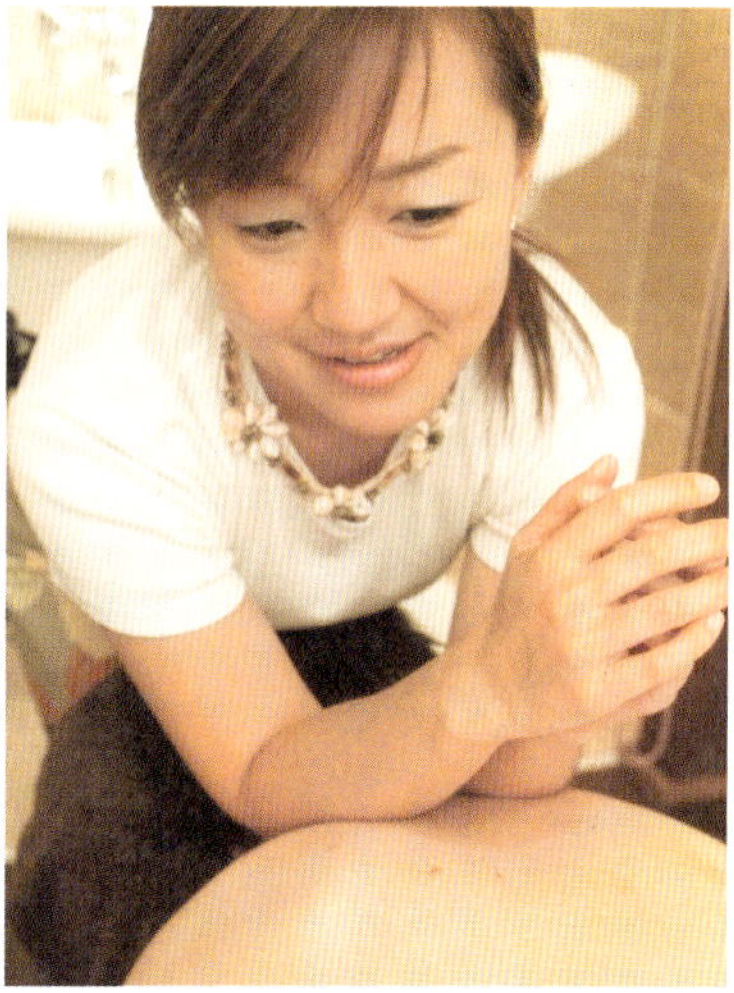

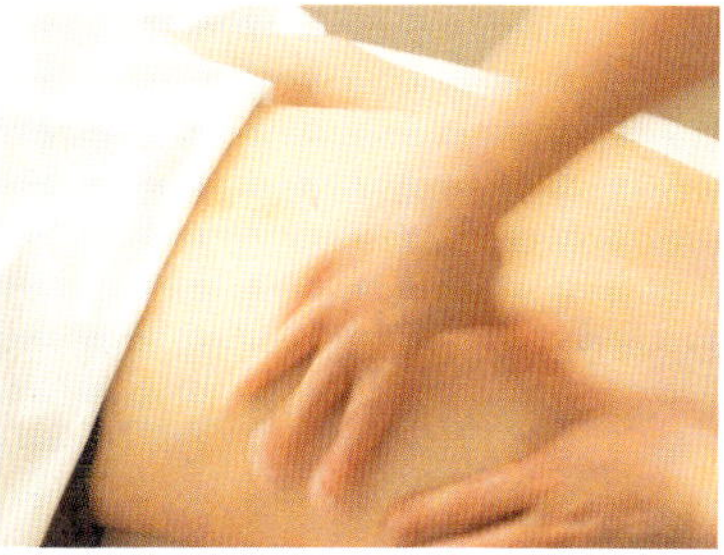

(右上)ハワイで何世代にもわたって伝えられてきた伝統のヒーリングロミロミ。ハワイ語で「マッサージする」「手の平から伝わる愛情」の意味を持つ。
(右下)「手」「腕」「肘」を密着させ、天然の植物オイルを使って、全身をリンパの流れに沿ってリズミカルに刺激していく。
(左上)「1階と2階を吹き抜けにしたため、1人のお客さまを2人で接客している感じです」と渡邊さん。
(左下)店内のウェルカムフラワーは毎日、新鮮な生花をその日のお客さまのイメージに合わせて飾っている。

心を無にして施術に集中する。それがお客さまへの癒しにつながる

上達の秘訣は心を無にしたくさんの人に触れること

前職で店舗管理に携わった経験のある渡邊さんは、改装工事中、毎日現場に立ち会い、作業をチェック。

「〝できない〟と言われた工事も、半分、喧嘩しながら説得してやってもらいました」

備品は、すべて自分たちの足で探し、目で確かめて一つひとつ丁寧にそろえていった。また、それ以前から福島さんは前出のスクールでロミロミも習得。サロンで働いたり、インストラクターを経験しながら、スキルを磨いた。

そして、2004年10月オープン。宣伝は、DMやチラシのポスティングを中心に行った。

「心を込めて施術していけば、大丈夫だと信じていたせいか、不安はまったくありませんでした」と福島さん。その初心のおかげか、今はリピーターや口コミで着実に顧客は増えている。

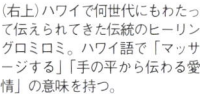

お店づくりのワザを学べ！

お金をかけない工夫は？

ソファやバスタブ、照明、そして、トイレの便器にいたるまで、すべて自分たちの“足”で探して品定めをした。

そのうえで、「ネットで同じ商品がいくらで売られているか確認し、一番安い方法で購入していました」と渡邊さん。

また、改装費も抑えるため、室内の解体や天井を張ったりする作業は自分たちで行った。チラシやメニューリストも全部手づくり。

内装会社への依頼で注意したことは？

業者からの見積もりは注意深く検討。何が必要で、何が要らないかなど、徹底的にチェックを行った。結果的に見積もりは、10回以上出し直してもらったという。

「現場へも毎日顔を出し、『ここはこうしてほしい』とお願いしました。『無理』と言われても交渉し続けて、何とかやってもらいました。それでも無理だと言われた壁をふかす（壁を手前につくって、既存の壁との間に隙間をつくる）作業などは、自分でやりました」

広告宣伝の方法は？

自作のチラシを近所へポスティング。その数は2万枚以上に及んだ。

また、何社もの出版社へ手紙を出し、雑誌などで取材されるように働きかけた。

おもなメニューは？

〔ハワイアン　ロミロミ〕(全身オイルトリートメント)

- Short　30 分／5,000円
- Half　60 分／10,000 円
- Standard　90 分／15,000 円
- Special　120 分／20,000 円
- Royal　180 分／28,000 円

〔リフレクソロジー〕

- Short　30 分／3,000円
- Basic　60 分／6,000円
- Long　90 分／9,000円
- Hot Stone　75分／7,500円

〔オプションメニュー〕

- ハンドリフレクソロジー　30分／2,000円

開業資金の内訳は？

改装工事費	約4,000,000円
備品・運転資金	約2,000,000円
合計	約6,000,000円（自己資金）

サロン名のmakanaは、ハワイ語で「贈り物」の意味。“どの人に対しても寛容であり、敬愛と助け合いの気持ちで”という“アロハ・スピリッツ”がサロン全体に流れている。

HISTORY

サロンオープンまでの歩み

2001年4月
福島さん、リフレクソロジーのスクール入校。

2001年11月
スクールの直営サロン、池袋店で働く。同時にインストラクターも経験。サロン勤務のときに渡邊さんと出会う。

2003年10月
同校ハワイアン・ロミロミ・カレッジへ通う。こちらでもサロン勤務、インストラクターを経験。
一方、渡邊さんはサロンを退職。改装工事など開業準備にとりかかる。

2004年10月
「makana」を開業。

illustrated

【図解でわかる人気のヒミツ】

古い木造アパートを解体したが、柱はそのまま残し1～2階をサロンとして活用。1階は主にリフレクソロジー、2階ではハワイアンロミロミのためのスペースにしている。猫足のバスをはじめ、モノにこだわった空間だ。

バス
トリートメント効果を高める、花を浮かべた「フラワーバス」やマッサージ効果のある「ハイドロバス」が人気。

内装
ラタンチェアやウェルカムフラワーなどのほか、吹き抜けの壁にはハワイの風景を映写。

らせん階段
1階のココヤシを抜け、吹き抜けにつくり付けたらせん階段を上がると、リゾートホテルの1室のような空間が。

ベッド
白いレースの天蓋が張られ、贅沢な気分に浸れる。

POINT
1～2階を広々とした、吹き抜けのある開放的な空間にリニューアル。元アパートとは思えない贅沢さが話題に。

アロハ・スピリッツに魅せられた2人が思いを込め、女性のために用意した非日常空間

makanaのメニューは「ハワイアンロミロミ」と「リフレクソロジー」の2つに大別される。これに、足のケアとしてドイツ式フットケアも加えている。

「人の体に触れれば触るほど、手が馴染んでくるというか、どこがお疲れなのかが敏感にわかるようになるんです。そういう意味で、どれだけの人の施術に携わったかが重要なんですよ」と福島さん。さらに、福島さんはハワイでロミロミ・セラピストを訪ねたとき、「施術の最中は、心を無にすること」と言われ、それも心がけの1つとしているそうだ。

そんな敬虔な気持ちと、施術レベルの高さがmakanaの大きなウリとなっている。渡邊さんによると、最初は、リフレクソロジーで来店するが、一度、ロミロミを体験すると、病みつきになる人が多いという。

「みなさんが本当にくつろいでいかれ、元気になるので、それが本当に心からの喜びです」

t h e s h o p

makana の注目ポイント

一見しただけでは、何の変哲もないトイレだが、じつは便器がコーラ社製。「探しに探して見つけた逸品」とのこと。

アメリカ製の猫足のバスタブ。サロンに来るまでにアメリカから船で3カ月もかかった。鋳鉄製（ホウロウ）のため250kgもあり、施工時に大工さん3人と渡邊さん含めて4人でチェーンブロックを使い、40分かけて2階に吊り上げた。

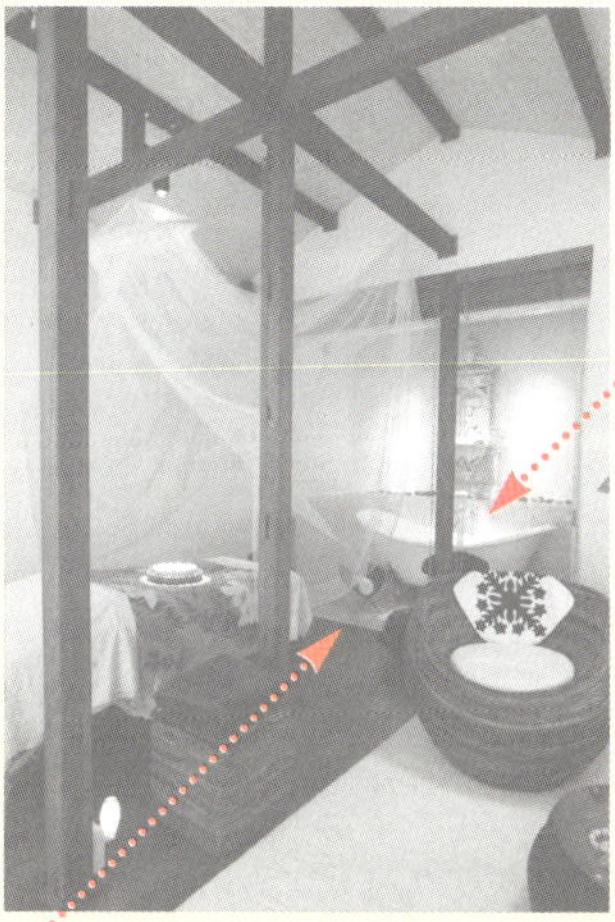

タオルは毎日使うもの。だから、最上級の品質にこだわる。上質のタオルは、ふわっとしていて、温かくて清潔感がある。触っているだけで癒してくれる一番のおもてなし。

トイレの棚・鏡・間接照明。一番落ち着く特別な場所としてとらえ、自分たちで取り付けた。

s h o p d a t a

makana
住所／神奈川県横浜市南区大岡2-22-7
TEL／045-741-1201
営業時間／12:00～22:00
定休日／火曜日
URL／http://www17.ocn.ne.jp/~makana12/

makana オーナーからのメッセージ

開業したら焦らないこと。お客さまが来ないからとメニューを増やすのではなく、本当に自分が好きな技術を、奥深く追求したほうが、お店の特色もより色濃く出しやすくなると思います。

「好きなことであれば、苦にはなりません。いつかは、本当の波の音が聴こえる海のそばで、リゾートスパを実現したいと思っています」

ホットストーン、オーラソーマで癒すスピリチュアル系サロン

国道から一本奥まった閑静な住宅街に、
ひっそりと佇むプライベートサロン。
表には看板もなく、1日の施術は
3名限定の完全予約制。
自宅の一室を利用したとは思えない
洗練されたセラピールームで、
心と体の両面をトリートメントする。

Natural Happy

埼玉県さいたま市

セラピールームは、広々とした落ち着いた雰囲気。天井から窓に向かって吊るされた布がアクセントとして効いている。玄関、階段、お手洗いなど、いたるところに飾られたパワーストーンが、インテリアとしても効果を出している。

オーナーのこだわり

…駅から離れた閑静な住宅街であることを生かし、看板も出さない隠れ家的サロンとした。

…部屋の随所にパワーストーンを飾り、エネルギーに満ちあふれた空間を演出した。

…心と体の両方の疲れを一緒に洗い流し、気持ちをいったんリセットできる施術を心がけている。

（右）オーナーの関口さん。オーラソーマセラピーは、単なる色占いではなく、的確なコンサルテーションがあって効果が得られる／（左上）ホットストーン用の棚。棚の上の鍋で石を温める／（左下）セラピールームに配されたパワーストーン

自分自身が体験してみて効いたものをスクールで学習

Natural Happyの施術メニューは、「ハワイアンロミロミ」「ホットストーンセラピー」「オーラソーマ」の3つが大きな柱となっている。

「どれも私自身がその魅力に惹かれたものばかり。だからこそ自信を持って施術できるんです」と語るのは、オーナーの関口智子さん。

関口さんは、旅行関連の専門学校を卒業後、旅行会社、出版社勤務を経て、21歳のときに結婚。その後、子育てをしながら、自宅近くの会社で経理事務として働いていた。そんな関口さんが日本リフレクソロジー協会認定の資格を取得しようと思ったのは30歳のとき。

「手に職をつけて、自分の力でやり遂げることのできる仕事がしたかったんです。たまたま雑誌でリフレクソロジーを知り、スクール説明会へ参加したのが始まりです」

働きながらスクールへ通い、卒業と同時にスクールの直営サロンに転職する。その後、スタッフ育成インストラクターとして同スクール本社で働き、その間に、ハワイ伝統のヒーリング、ロミロミのライセンスを取得した。

「ロミロミはハワイでの研修で技術を習得したのですが、そのときに、ホットストーンセラピーも体験したのです。温かい石でのトリートメントが本当に気持ちよくて」

それがきっかけで、関口さんは、ホットストーンセラピーの勉強も始め、今年、米国LaStone認定の資格を取得した。

また、その一方でオーラソーマの講座も受け、資格を取得した。

「ロミロミを勉強していくなかで、ヒーリングは体だけを癒すのではなく、心の面も大切にしていることを学びました。それで、心と体の両方を〝トリートメント〟できるセラピストになりたいと思ったんです」

オーラソーマは、ご存じのとおり、

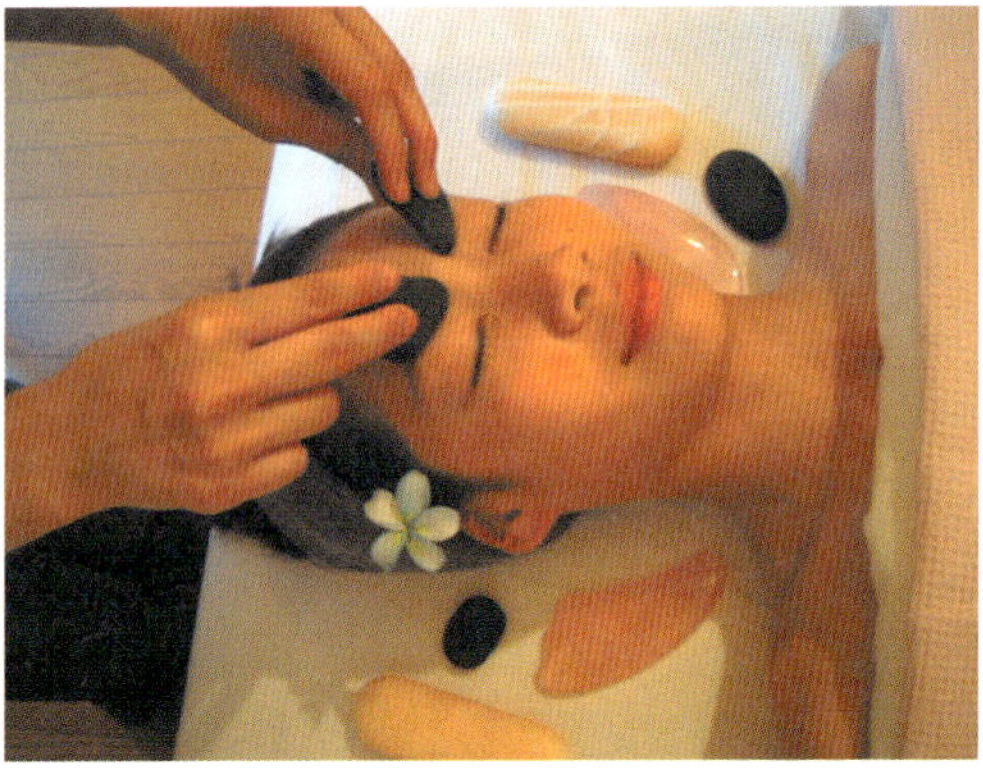

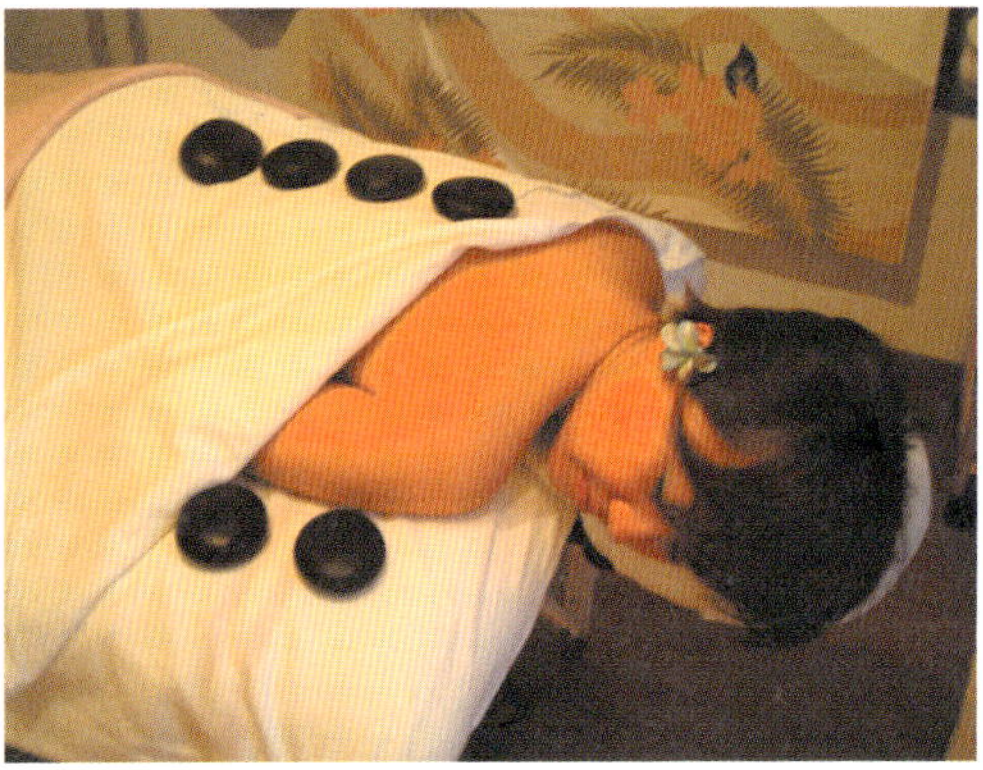

(右上)ホットセラピーでは、50～60度に温めた玄武岩を体に滑らせ、筋肉全体を揉みほぐしていく。
(右下)関口さんの施術では、温かい石のほかに冷たい石も併用し、交互に使う。これによって、脳を活性化し、リラックスモードを高める。
(左)施術後はミントなどの入ったミネラルウォーターまたはハーブティーでもてなす。

自分が惚れ込んだセラピーを気持ちを込めて行う

自分の本質や現状などを把握するセラピー。心の深いところで自身に問いかけるその魅力に惹かれて、スキルの習得を思い立ったという。

思い立ったその日に開業の準備を開始

関口さんは、こうしたセラピーの知識や技術を習得していくうちに、「いつかはサロンを開こう」と心のなかで夢を育ませていった。

「お金を貯めて、2、3年後に最寄り駅近くで開ければ、とぼんやり思っていたんです。それが、市主催の女性起業塾に参加したのがきっかけで、急遽、今年開業することに」

前記の講座では、店のコンセプトづくりにはじまり、メニューのつくり方やコスト計算など、具体的な計画を立てていく内容だった。その過程で夢が現実化してきて、今すぐにもはじめたくなった。「主人に〝この10畳を使ってサロンを開いていい？〟と聞いたら、〝いいよ〟とい

お店づくりのワザを学べ！

スクール選びのポイントは？

スクールといっても、その内容はさまざま。一見、同じような施術でも、手順やポイントに微妙な違いがあることが多い。そこで関口さんも、「各スクールの直営サロンへ行き、実際に体験して、自身でこれだ！　と思ったところで学ぶべき」とアドバイスを送る。

本当に自分が惚れ込んだ技術なり、指導者なりのいるスクールを選ぶことが、技術をきっちり身につける一番のポイントとなる。

自宅で開業する場合、気をつけたいことは？

自宅だからといって、身だしなみなどに手を抜かないようにすることが大切だ。

「あくまで接客業ですからね。マナー、そしてやわらかな表情、正しい姿勢もつねに意識して心がけています」と関口さん。

起業塾などへの参加は役に立つ？

関口さんは、2004年7月から地元さいたま市主催の「女性起業塾」に参加した。

開業計画を具体的につくったり、開業後の経営のポイントを学んだことに加え、地域の人々や業種を越えた横のつながりなどをつくるきっかけを与えてくれた点でメリットが大きかったという。

「ベランダの花はそこで知り合った花屋さんにつくってもらいました。また商工会議所のＨＰでお店を紹介してもらいました」

おもなメニューは？

〔Body〕

・ホットストーンセラピー　90分／11,000円、120分／14,000円

・ハワイアンロミロミ　60分／7,000円、90分／10,000円、120分／13,000円

・ストーン＆ロミロミ　120分／13,000円、150分／16,000円、180分／19,000円

〔Body＋Aura－Soma〕

・オーラソーマ＋ロミロミ or ホットストーン　120分／15,000円、150分／18,000円、180分21,000円

〔Option〕※コース追加のみ

・リフレクソロジー　30分／3,000円

・施術延長　30分／3,000円

開業資金の内訳は？

店舗物件取得費	0円
店舗工事費	0円
備品料	約800,000～1,000,000円
合計	約800,000～1,000,000円(自己資金)

120分以上コースのお客さまには、ハーブ入りボトルウォーターがプレゼントされる。

HISTORY サロンオープンまでの歩み

2000年10月
日本リフレクソロジー協会認定プロフェッショナルリフレクソロジスト資格取得。

2000年11月
それまでの経理事務の仕事をやめ、協会直営のサロンに就職。

2001年3月
インストラクター職となり、本社勤務に。

2001年
プロフェッショナル・ロミロミセラピストの資格をハワイ校にて取得。

2002年
協会直営ロミロミサロンスタッフ育成インストラクターとして勤務。ホットストーンセラピーマッサージを習得。

2004年4月
オーラソーマの講座を受講、資格を取得。

2005年2月
「Natural Happy」を開業。

i l l u s t r a t e d

【図解でわかる人気のヒミツ】

白を基調とした壁、木目のフローリングという、広々とした10畳をサロンとして活用。全体的にシックでナチュラルなテイストにまとめられている。

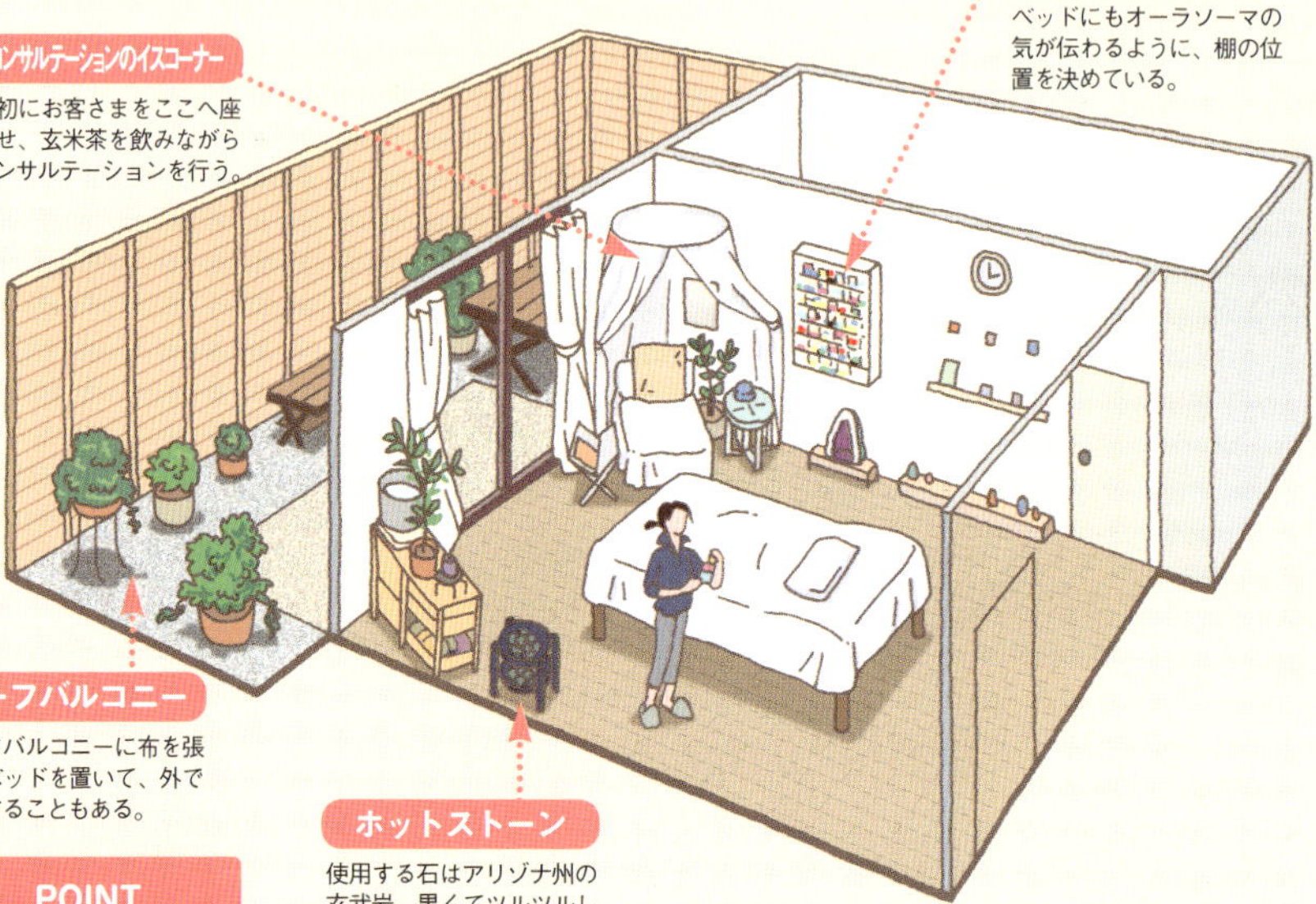

オーラソーマの棚

ベッドにもオーラソーマの気が伝わるように、棚の位置を決めている。

コンサルテーションのイスコーナー

最初にお客さまをここへ座らせ、玄米茶を飲みながらコンサルテーションを行う。

ルーフバルコニー

ルーフバルコニーに布を張り、ベッドを置いて、外で施術することもある。

ホットストーン

使用する石はアリゾナ州の玄武岩。黒くてツルツルしているのが特徴。

POINT

自宅の一室をシンプルに活用。閑静な住宅街という立地の特性を生かし、ルーフバルコニーとの一体感を持たせた。

ナチュラルで落ちついた雰囲気に。気の流れにもこだわって、随所にパワーストーンを配置

うので、その日の午後には家具などを全部1人で動かして、サロンの開業の準備を始めていました」

自宅をそのまま活用したので、開業に要した費用は備品代のみ。宣伝もホームページと口コミだけで、ほとんどお金はかけていないと言う。

「都心に近い場所のほうが、サロン需要が高いと思い、白金台の知人のサロンを借りてもいるのですが、多くのお客さまが埼玉まで来てくれます。予想外のことでしたがそれだけにうれしいですね」と関口さん。

完全予約制で、1日3名までと限定。もっとも短いメニューでも60分と施術が時間がかかるタイプのものであると同時に、駅から離れているぶん、内容を充実させ、プライベートサロン色を濃く打ち出したことが好結果を生んでいるようだ。

「施術していると私自身が優しい気持ちになれて、思わず微笑んでしまう。そんな時間を持たせてもらえることに感謝！　ですね」

t h e s h o p

Natural Happy の注目ポイント

バルコニーでハーブを栽培。施術後にもてなすミネラルウォーターやハーブティーに使用する。

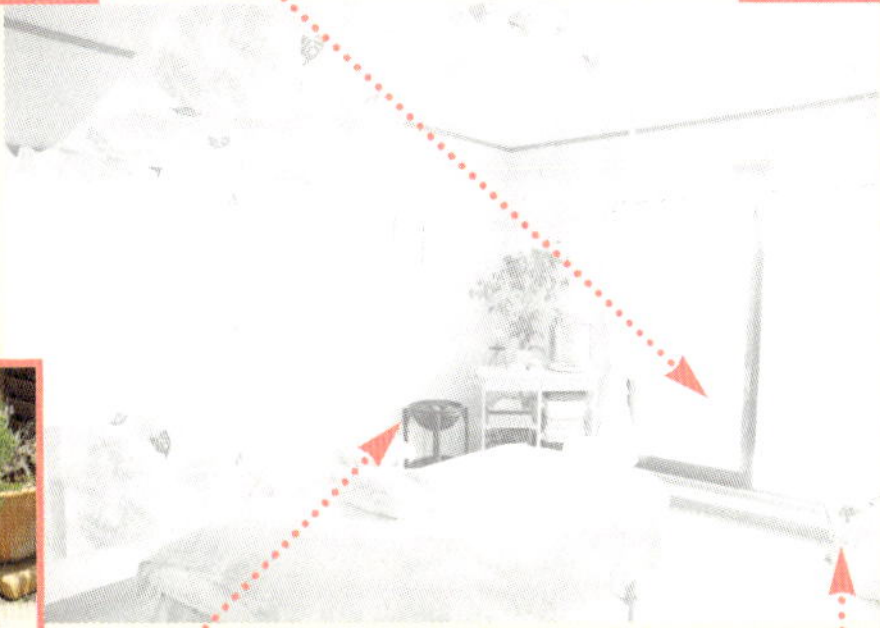

人気の高まる「オーラソーマ」によるカラーセラピーを導入。上下2色に分かれた105種類のボトルから4本のボトルを選び、選んだ色の持つ力や色の組み合わせで心と体を癒す。

このホットストーンを50～60度くらいに温め、石全体にオイルを馴染ませて、全身を揉みほぐしていく。

自宅の一室でオープンしたため、かかった費用はメニューボードなど備品類のみ。開業のリスクを減らした。

s h o p d a t a

Natural Happy

住所／埼玉県さいたま市緑区中尾1808-6
TEL／090-1121-0622
営業時間／11:00～19:00（完全予約制）
定休日／不定休
URL／http://www16.ocn.ne.jp/~natuhapi/

Natural Happy オーナーからのメッセージ

同じリフレでも各学校で施術方法が違います。スクール直営のサロンで実際に体験してみて、気持ちがいいと感じたところを選びましょう。

「夢は、平屋のサロン兼セミナーハウスを持つことです。緑に囲まれた場所で衣食住すべてを、1日かけて1人ひとりのお客さまをケアしたい」

マタニティコースもある 住宅街のプライベートサロン

ふとしたきっかけで出会ったアロマオイルは、
オーナーのその後の人生を変えた。
働きながらもスクールを修了。
やがて心は「自分のサロン」へと高まっていく。
自らが経験したからわかる
「1対1」の施術をやってみよう。
完全予約制できめ細かいサービスを提供する。

アロマテラピーサロン
AQUA
東京都杉並区

完全予約制。ワンルームを貸し切り状態で使えるため、来る人に気兼ねさせない。カーテンを閉めて照明をつけると、昼間とはまたガラッと変わった雰囲気に変わる。ゆったりとしたまどろみの空間ができあがる。

オーナーのこだわり

- …荻窪駅から徒歩3分という場所にありながら、静かで落ちついた空間を実現。
- …アイピロー、肩ピロー、腰ピローはすべて手づくり。手の温もりが伝わってくる逸品。
- …あたかも水のなかにいるような浮遊感をトリートメントで感じてもらえるよう心がけている。

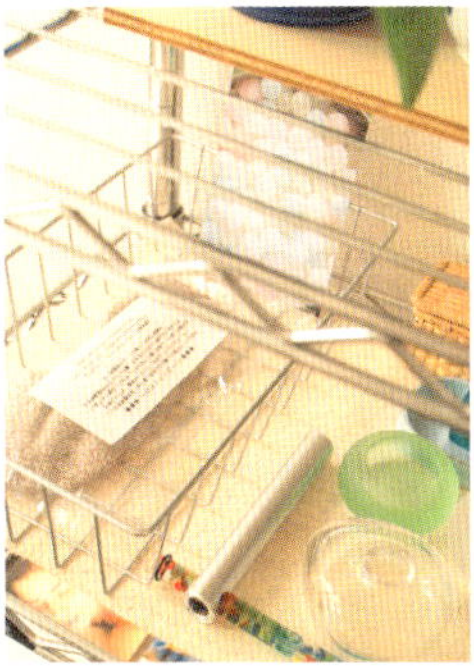

(右)最初にまずここでコンサルテーションを行う。体調やその日楽になりたい部分などについてヒアリングする。／(左上)棚にさりげなく万華鏡や絵葉書を置いてアクセントに。アイピローは直接販売している。／(左下)問診票に記入してもらった後、約50種類ある精油のなかからトリートメントに使用する精油2～4種類を選ぶ。

自分のリズムを取り戻す プライベートサロン

岩崎由美さんが東京都杉並区、荻窪駅にほど近いマンションの一室を借りて、アロマテラピーサロンAQUAを開業したのは1998年。

「当時は、こうした癒し系サロンを個人で開業する人がまだまだ少なかったこともあり、不動産会社さんに、〝アロマテラピー〟をいくら説明しても、なかなか理解してもらえず、たいへんでした」と言う。

アロマオイルとの出会いは、歯科衛生士として働いているとき、友人からラベンダーのオイルをもらったことから。お風呂に入るときに数滴たらしたり、暮らしのなかで楽しむようになった。

そんな岩崎さんが、アロマに関してさらに感動する出来事があった。ハワイへ遊びに行き、はじめてトリートメントを受けたときのことだ。

「オイルマッサージを受けたのですが、ものすごく気持ちよくって。こんなにも心身ともに気持ちよくなれるものがあるのだと、そのときはじめて知り、感動したんです」。

帰国後、もっと専門的な知識を得たいと思い、近くにあるアロマテラピーの学校へ週1～2回通うことにした。

「ちょうど28歳くらいのときでした。講座を修了後も、さまざまな場所で開催されるアロマ関連のセミナーへ参加したり、さまざまな書籍を読んだり。独学は続けていました」

そんな折、通っていたスクールの会報誌で〝セリスト〟という吉祥寺にあるサロン併設型スクールがあることを知り、今度はそちらへ入学。プロのアロマテラピスト育成の半年コースへ通った。そうして学ぶうちに、「自分のサロンを持ちたい」という気持ちが高まってきたと言う。

1対1でお客さまを施術する そんなスタイルが合っていた

自分でサロンをはじめよう。そう

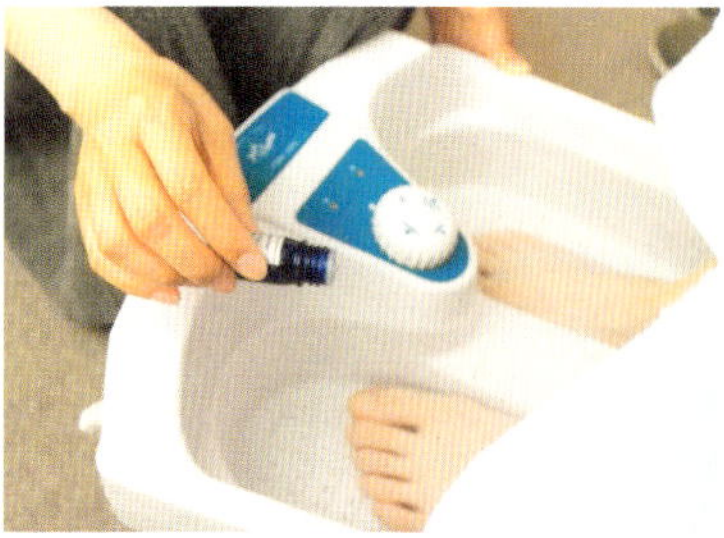

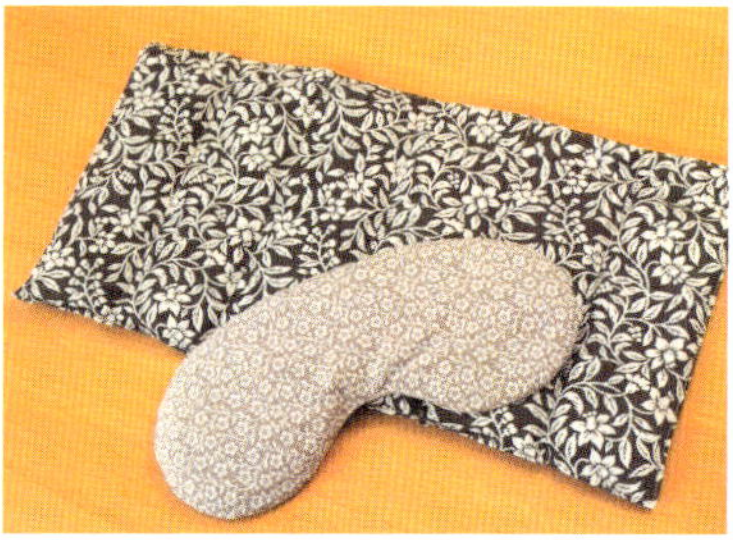

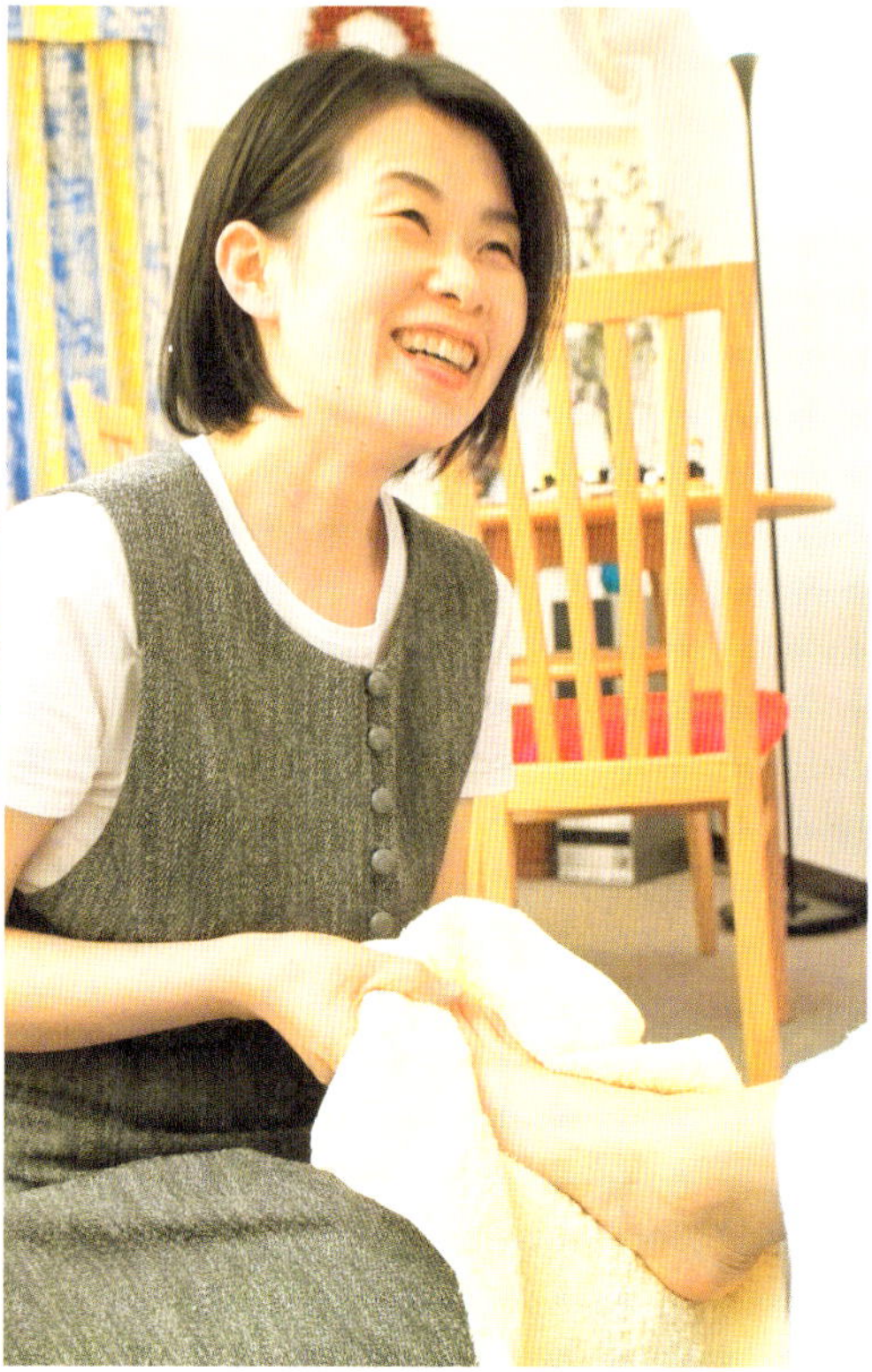

（右）笑顔を絶やさない岩崎さん。丁寧な対応こそリピーターを増やす一番の方法。／（左上）フットバスで10分ほど足を温めてからトリートメントに入る。／（左下）ピローははじめ、市販のものを使っていたが、「これ、つくれるかも！」と思い、母親に依頼した手づくり製。

心地よい香りが包むなかで ゆったりと痛くないマッサージ。

決意した岩崎さんは、まずは部屋探しを始めた。

　同時に、AEAJ認定アロマテラピーアドバイザー、アロマテラピーインストラクターの資格を取得。また、日本アロマテラピー協会（現・日本アロマ環境協会）に会員登録し、アロマに関する情報をリアルタイムで得られるようにした。

「サロンは、たった1人のお客さまのプライベートな時間を大切にし、ゆっくり丁寧にマッサージやトリートメントが提供できるようにしたいと思いました」

　そんな思いから、岩崎さんのサロンの特徴の1つとなっているのが、メニューに短いコースがないこと。

「ハーフボディだけで1時間半はかけます。また、お客さまが重ならないよう、完全予約制で1日2〜3人のペースで施術を行っています」

　また、妊婦に対しては施術を断るサロンが多いことから、マタニティコースも設けた。他店で見かけない

お店づくりのワザを学べ！

どうやって物件を探したの？

岩崎さんは、当初は路面店やテナントでの出店も考えたというが、シャワーのある広めのワンルームマンションを第一条件にした。お客さまには自分の部屋にいるような気分になってもらおうと、「土地カンのある中央線沿線」「駅から近く、住宅街にある静かな落ちついた雰囲気」も条件につけ加えた。

また仕事とスクール通学で多忙のため、物件探しは基本的に不動産屋へ依頼。最初から「アロマテラピーのサロンとして使いたい」と正直に伝えておいた。アロマの仕事を理解してもらうのにも苦労したとか。

集客で気をつけていることは？

チラシやホームページなどを使った新規顧客の獲得も大切だが、もっとも集客につながるのは、リピーター客らによる口コミだ。お客さまに何度か通ってもらい、施術を繰り返すことでより効果が上がり、その効果をより多くの人に知ってもらうことができる。

岩崎さんの場合、来店したお客さまには必ずメールを出し、アフタフォローを欠かさない。「続けることの効果をぜひ味わってほしい」という思いもあるからだ。また、トリートメントだけでなく、アロマテラピー講座も実施。個人レッスンなどで1人ひとりのニーズに合わせた内容にし、アロマの普及にも努めている。

おもなメニューは？

〔アロマテラピートリートメントメニュー〕

- フルボディ 120 分コース　10,000 円
- フルボディ 150 分コース　13,000 円
- ハーフボディトリートメント　6,000円
- マタニティコース　5,000円

〔オプショナルケア〕

- フェイシャルプッシュ　1,000円
- フェイシャルオイルトリートメント　2,000円
- クレンジング＋フェイシャルトリートメント　3,000円

開業資金の内訳は？

賃貸料	約600,000円
備品料	約400,000円
合計	約1,000,000円（自己資金）

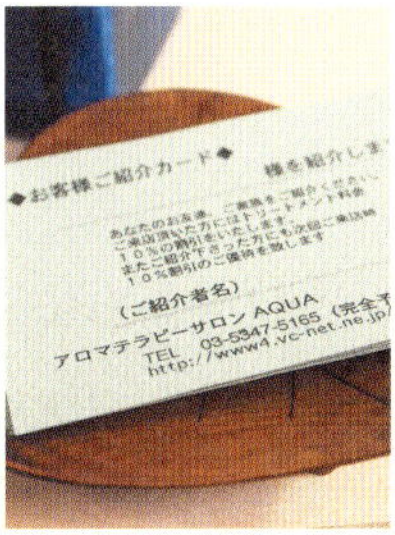

施術を受けた人には、ホームケア用のマッサージオイルを格安で製作。トリートメントは女性専用だが、紹介がある場合は、男性もOK。

HISTORY

サロンオープンまでの歩み

1988年
専門学校卒業後、歯科衛生士として歯科医院で働く。

1993年
友人からもらったラベンダーのオイルをきっかけに、アロマテラピーに興味を持つ。

1996年
ハワイへ旅行。そこでオイルマッサージを受け、感動する。

1996年
新井薬師にあるアロマテラピーの学校へ入学。平日夜と日曜のコースを受講。

1997年
吉祥寺にあるサロン併設型のスクール「セリスト」へ入学。半年コースへ通い、プロのアロマテラピストになるための講座を受講。

1998年
「AQUA」を開業。

i l l u s t r a t e d

【図解でわかる人気のヒミツ】

植物の香り、耳に優しいBGM、穏やかな照明など、五感に働きかけるリラクゼーションスペースを演出。店名のAQUAのとおり、水のなかにいるような心地よさを目指している。

クロゼット

大きなクロゼット付きだったので、余分な家具などは一切買わなかった。

シャワー

シャワーを使いたい人のために、バスルーム付きのところを選んだ。

籐製のチェア

はじめに、ここでフットバスを行う。ほとんどの人がその心地よさから、眠ってしまう。

POINT

約10畳のワンルームマンションをプライベートサロン的に使用。あわただしさを感じさせることなく、くつろいでもらえる。

やや広めのワンルームの一室を都会の隠れ家風に演出

コースだけに、ニーズは高く、「思いのほか好評」だと言う。

施術の面では、アロマオイルをしっかり体内に浸透させ、ほぐすようにゆったりとした動きで、マッサージを行っていく。岩崎さんによれば、マッサージをしていると不思議なほど、自身も癒されるのだと言う。そうした意味で、ＡＱＵＡは岩崎さんにとって、自分自身のリラックススペースともなっている。

開業の翌年、売り上げが落ち、つらい時期もあったという。売り上げが落ちているにもかかわらず、予約が重なり、泣く泣く断らなければならないこともあった。

しかし、それでも「1人で運営する」スタイルは自分に合っていたと言う。

「丁寧に施術すれば、必ずお客さまはまた来てくれます。そうやって地道に努力することが、私の性に合っていました。今は毎日がとても楽しいです」

the shop

AQUAの注目ポイント

花を飾ることも、雰囲気づくりには欠かせない。毎日の世話も、大切な仕事の1つとなる。

棚に並んでいる本は、いずれも岩崎さんが勉強のために購入したもの。

バスローブは、岩崎さんのお母さんの手づくりによるもの。顧客の使い勝手を考慮し、形を伝えてつくってもらった。

夜になると、間接照明で静かな雰囲気を演出する。壁もカーテンもシックなものとし、女性が心底くつろげる空間とした。

shop data

AQUA
住所／東京都杉並区天沼3-30-40-208
TEL／03-5347-5165
営業時間／月・火曜15:30～21:00、木・金・土曜11:00～21:30、日曜・祝日 11:00～18:00（日曜・祝日は、当日予約不可）
定休日／水曜
URL／http://www4.vc-net.ne.jp/「aqua/index.html

AQUA オーナーからのメッセージ

1年目はあっという間に過ぎていきます。つらくなってくるのは、2年目かもしれません。でも、焦らずできることからやっていけば、何とかなるものですよ。

「1人で運営するやり方が自分に合っていると思う。でも、気の合う仲間と一緒にやるのも楽しそうかなって、最近、思うようになりました」

スタイリッシュ＆モダンな大人のサロン

シンプルでナチュラル。
洗練された北欧家具に彩られた
プライベートな空間で、
カイロプラクティックと
アロマテラピー、リンパマッサージの
テクニックを融合した
オリジナルのリラクゼーションを提供する。

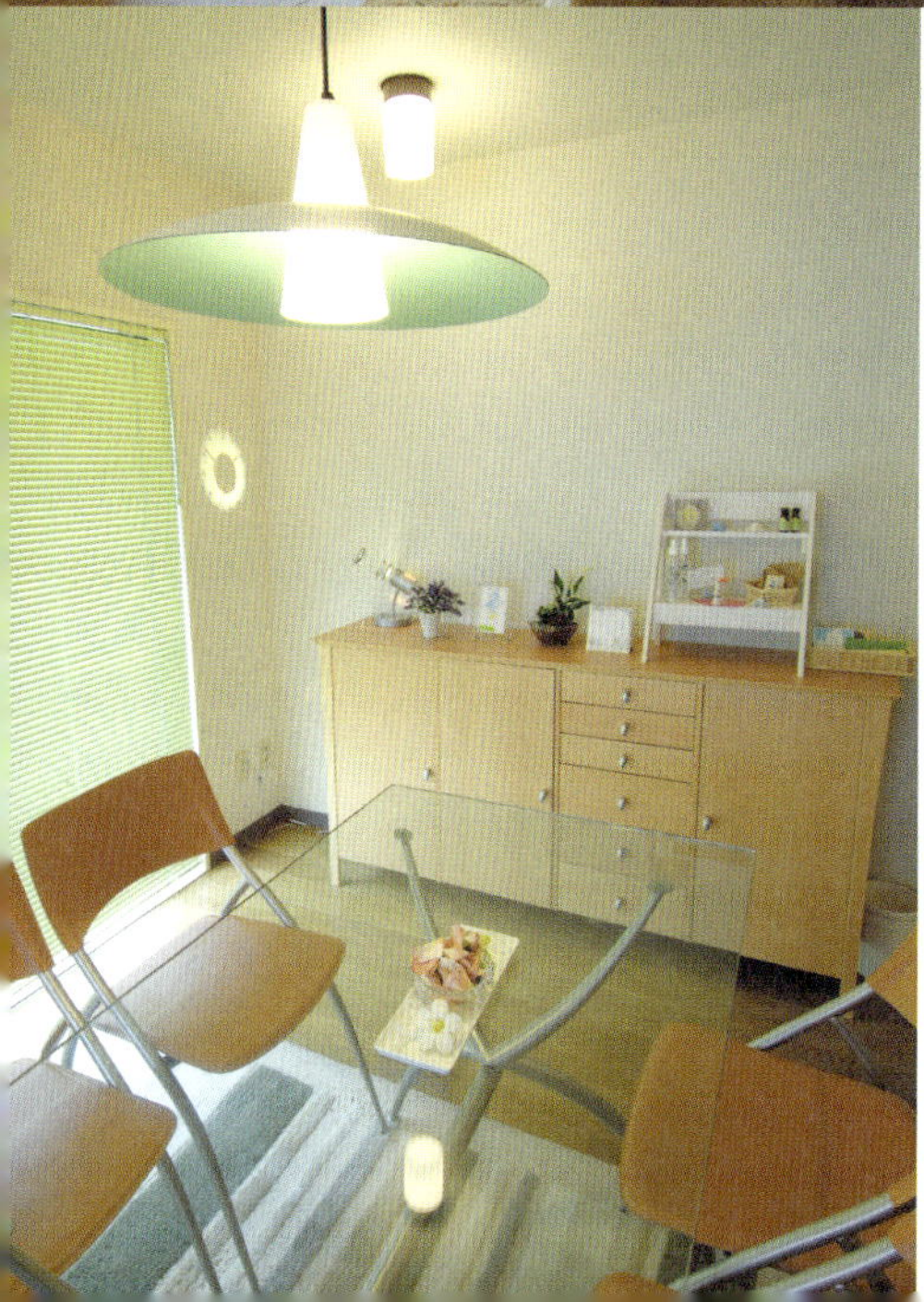

アロマトリートメント＆リラクゼーションサロン

comfort table

東京都世田谷区

オーナーのこだわり

…ゆったりできるよう、空間の広さにこだわり、70㎡のマンション一室を借りた。

…1人だけの時間をゆっくり過ごせるように、北欧家具でコーディネートした個室制とした。

…カイロプラクティックほか、複数の施術を組み合わせ、ここだけのオリジナル性を高めた。

スタイリッシュな施術ルーム。北欧家具のシンプルさが白い壁とマッチしている。そうした快適な空間のなかで、リラックスできるのはもちろんのこと、その場の気持ちよさだけでなく、翌朝にもコンディションのよさが持続する施術を目指している。

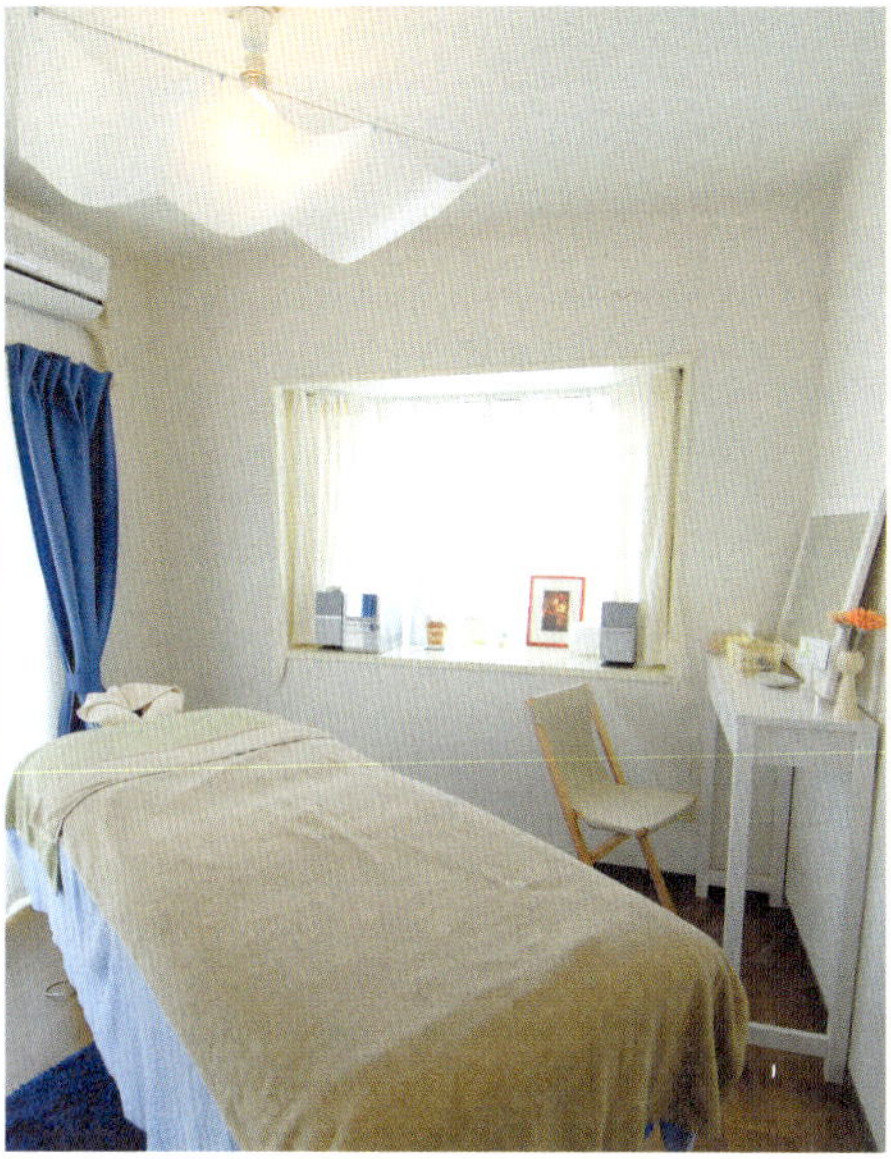

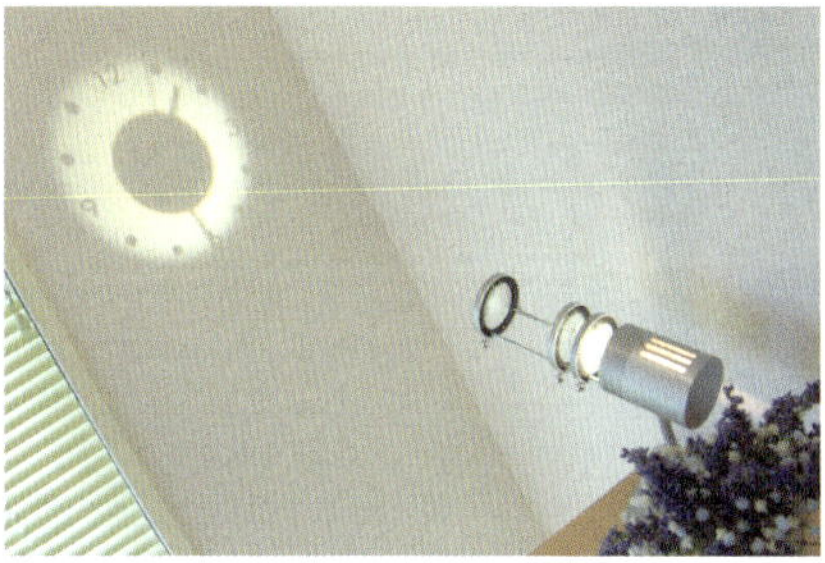

(右)昼は自然光に満ちあふれた空間だが、夜は一転ムーディーな雰囲気に変わるという。そうした印象の違いもサービスの一つとなっている。／(左上)入り口付近はやわらかい光でまとめ、くつろぎ感を演出。／(左下)時計一つにもこだわりが感じられる

専門学校で技術を学び友人への施術で腕を磨く

外食レストランのマネージングの仕事に携わっていた菊地敦子さんが、日本カイロプラクティックカレッジへ入学したのは20代後半のとき。当時、あまりの忙しさに体調を崩したのがきっかけだった。

「昔から疲れると、実家近くのカイロプラクティックに通っていましたが、もっと癒されたいし、くわしくなりたいという好奇心からスクールへ入りました」

通っていたカイロプラクティックの尊敬する先生の出身校を選んだ。

学校は2年制で、解剖学や生理学など基礎的な医学知識の講義と、テクニックを習得する実習が行われた。授業は平日夜間。昼間は派遣スタッフとして事務職で働き、土日はスクール紹介の先生のもとでカイロのインターンを経験したり、アルバイトをした。「たとえば、動物病院でアルバイトをしたり。動物の医学的知識は人間のそれと共通する部分が多いので、ものすごく勉強になりましたね」

そのうち、菊地さんがカイロプラクティックを学んでいることを知り、まわりの友人たちから施術を頼まれるようになっていく。

「派遣ＯＬをしながら、夜は友人の会社などへ出張してカイロプラクティックを行う日々を、2年ほど続けていました。1人でも多くの人の体を触ることで、どんどん力がついてくるんです。それが自分自身でも実感できたし、〝気持ちよかった〟といってくれる人が増えていくことが私の自信にもなりました」

そのかたわら菊地さんはアロマテラピーの勉強も行った。本や雑誌での独学が主だったが、面白そうなセミナーがあれば、積極的に参加した。

「この頃も本当に忙しかった。遊ぶ時間なんてほとんどありませんでした。でも不思議なほど、ストレスはたまらなかった。やはり自分が好き

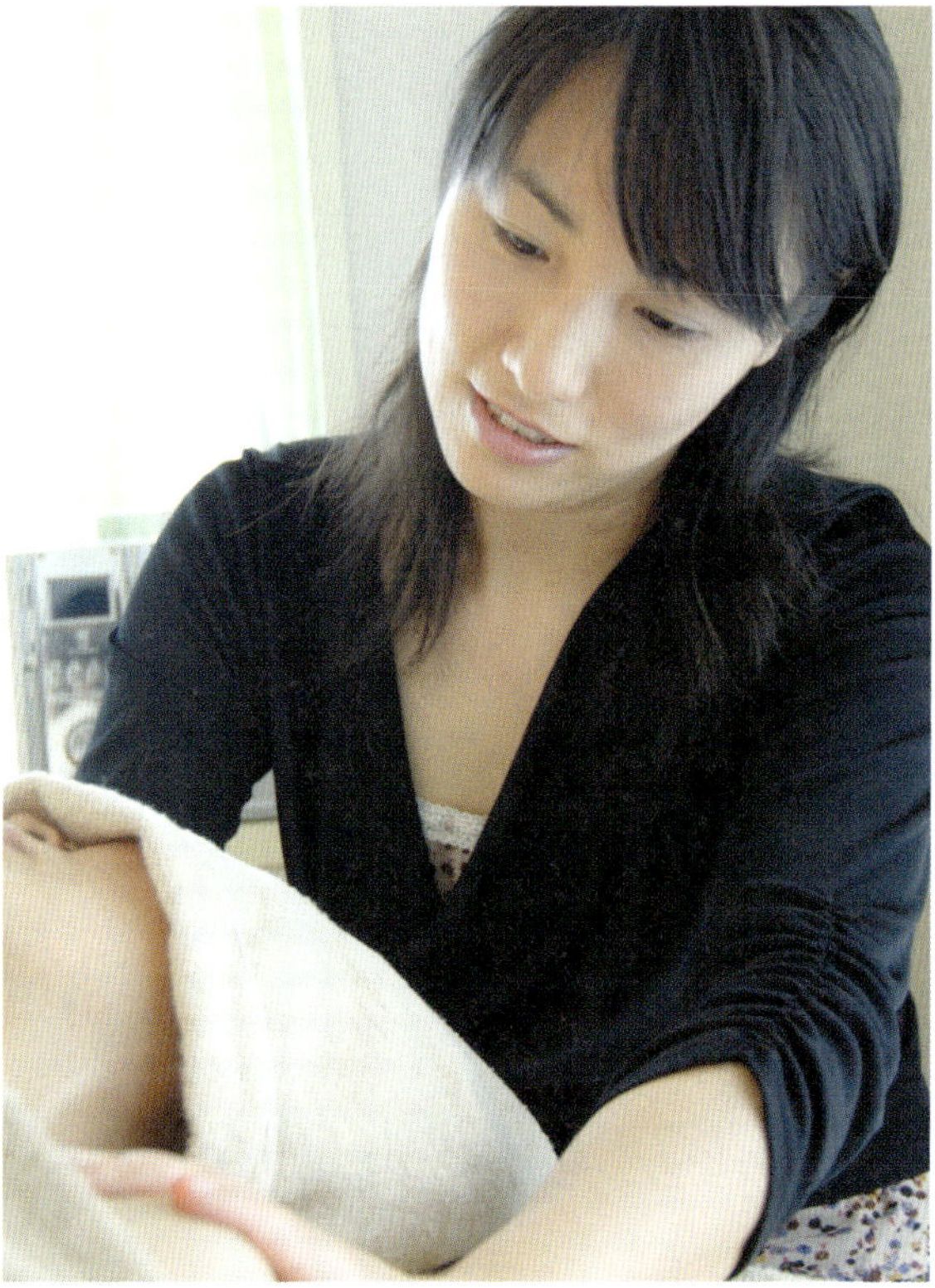

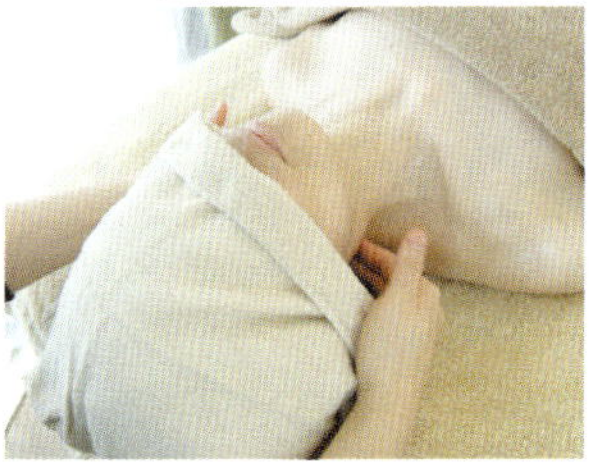

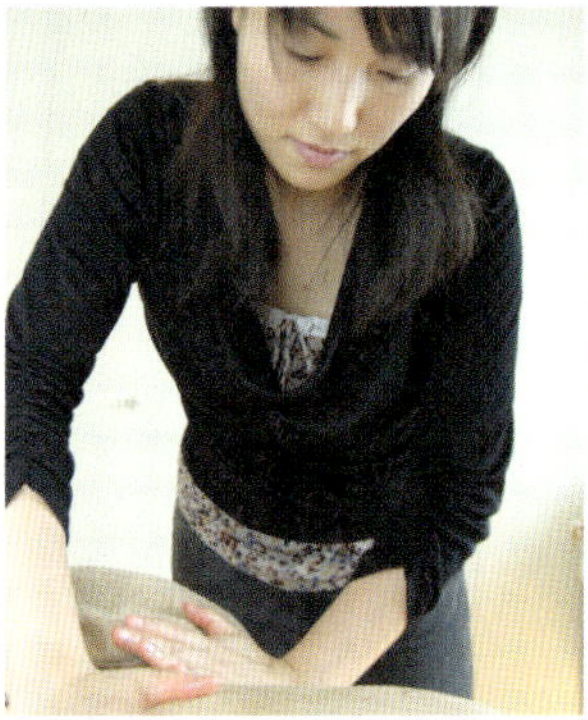

(右)骨盤を矯正し、血液やリンパの流れを正常にした後、オイルでトリートメント。／(左上)客の体調に合わせてブレンドしたエッセンシャルオイルを使用。／(左中)固くなった首から頭にかけての筋肉を揉みほぐす。／(左下)菊地さんは、カイロの専門学校とインターンで約3年間学んだ。

「リラクゼーションの先」をコンセプトにオリジナル性を追求

なことだと、どんなに忙しくても楽しいんですよね」

基礎知識の裏づけが独自の施術を生み出す

サロンの開業は2004年4月。広々とした、居心地のいい空間がいいと思い、約70㎡のマンションの一室を借りた。当時は〝和テイスト〟が流行っていたが、自分自身が、和より北欧家具の温もりが好きなことから、家具やインテリアは〝北欧風〟で統一した。

チラシは約5万部刷って、近所や隣駅エリアまでポスティングした。「最初はやはりチラシやホームページを見て訪ねてくれるお客さまの割合が高かったですね。今は、その方たちがリピーターとなってくれています」

菊地さんは、その場の気持ちよさだけでなく、翌日の朝にもコンディションのよさを実感してもらえるような施術を目指しているという。

お店づくりのワザを学べ！

開業にあたって苦労したことは？

菊地さんのサロンは、東横線用賀駅から徒歩3分の高級マンションの1室だが、契約にあたっては、個人に事務所を貸してくれるところが少なく、苦労があった。

「実績がないので、貸す側からすれば、リスクを感じるのは仕方のないことです。結局、知人の会社名義で借りました。最近では、不動産屋さんの信頼も得て、近々名義を変更する予定です」

他店との差別化で心がけたことは？

今までのカイロプラクティックや整体サロンは、全般に男性向けの店構えのところが多かった。

そこで菊地さんは、「女性らしい、おしゃれなサロン」を目指し、インテリアなどもシンプルでモダンな北欧家具を基調とした。

「最初に購入したテーブルのイメージに合う家具で統一しようと思い、目黒通り沿いのインテリアショップを何度も往復しました」

広告物の制作で気をつけたいことは？

オープン当初のチラシでは、知人のイラストレーターにかわいらしいキャラクターを描いてもらった。評判はよかったが、実際に受け取った人の目はイラストに注がれ、何のチラシであるかが伝わりづらい面があった。

その反省から、サロンの内容を明確に伝えるカタチにリニューアルし、問い合わせが増えた。

おもなメニューは？

〔Body〕
- オリジナルトリートメント（フットバス＋ボディ調整＋トリートメント）　70分／9,000円、90分／11,000円、120分／14,000円
- フリップフロップ（フットバス＋下半身のオリジナルトリートメント）　40分／5,000円

〔Special〕
- アウェイクニング（1日1名様限定のフルボディトリートメント）　200分／23,500円

〔Facial〕
- ベーシック（クレンジング＋ウォッシング＋アロマ温湿布＋顔・デコルテマッサージ＋アルゲマスク）　40分／4,000円
- コンフォートオブローゼス（フェイシャルトリートメントにホットストーンも使用）　60分／7,500円

開業資金の内訳

賃貸料関連	約1,400,000円
備品ほか	約2,600,000円
合計	約4,000,000円

（自己資金＋知人からの融資）

石鹸は菊地さんの手づくり。現在はオリジナル商品として販売している。

HISTORY サロンオープンまでの歩み

1998年
外資系レストランでマネージャーとして働く。

2000年
日本カイロプラクティックカレッジへ入学。会社を退職して、平日昼間は派遣社員として働き、夜はスクールへ。土日はインターン、アルバイトといった日々を過ごす。

2001年
この頃から友人やその紹介で、さまざまな人から出張カイロプラクティックを依頼され、腕を磨く。

2004年4月
東京・東横線用賀駅近くでマンションの一室を借り、開業。

illustrated

【図解でわかる人気のヒミツ】

2室を施術のための個室とし、LDKはコンサルテーション＆くつろぎのスペースに。和室は事務スペースに利用。また、部屋に食べ物の匂いを残さないため、キッチンを料理などには使用していない。

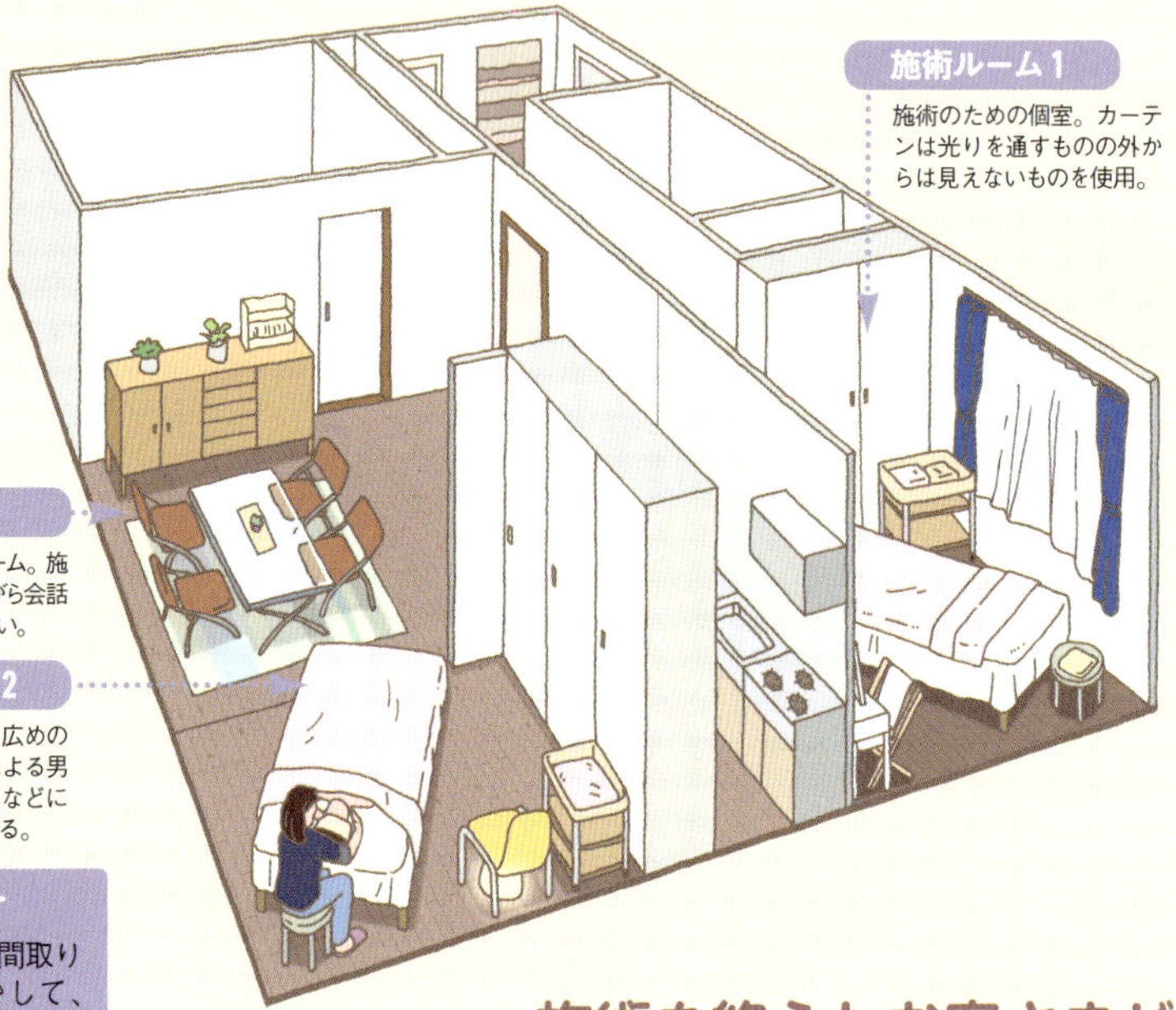

施術ルーム1

施術のための個室。カーテンは光りを通すものの外からは見えないものを使用。

LDK

コンサルテーションルーム。施術後、お茶を飲みながら会話を楽しんでいく人も多い。

施術ルーム2

施術のための個室。広めの部屋なので、紹介による男性のお客さまのときなどには、こちらを使用する。

POINT

マンションの間取りを上手に生かして、個室感覚のプライベートサロンを実現。キッチンもクローゼットで目隠しした。

施術を終えたお客さまがしばらくのんびりできるようくつろぎスペースも確保

具体的には、まず、カイロプラクティック、ソフト整体の技術を生かして、骨盤矯正を行い、それに、アロマテラピーやリンパマッサージなどを菊地さんオリジナルの感覚で、融合させていく。こりや固くなった筋肉を緩和し、体の根幹の部分から癒して、自然治癒力を高めるのが、施術の特徴となっている。

ある日、菊地さんのところに、両腕が上にあがらない80歳くらいの女性が来店した。しかし、施術を行っていくうちに体がほぐれていき、「これで趣味のフラダンスが踊れる！」と涙を流して喜んでくれたという。

「そのときは、これ以上ないくらい、うれしかったですね。それまでに、カイロプラクティックの学校で体の勉強を徹底的に行ってきたことや、出張カイロプラクティックで経験も積み重ねてきたことが、自分のなかで確実に〝力〟になっているんだなと実感しました」

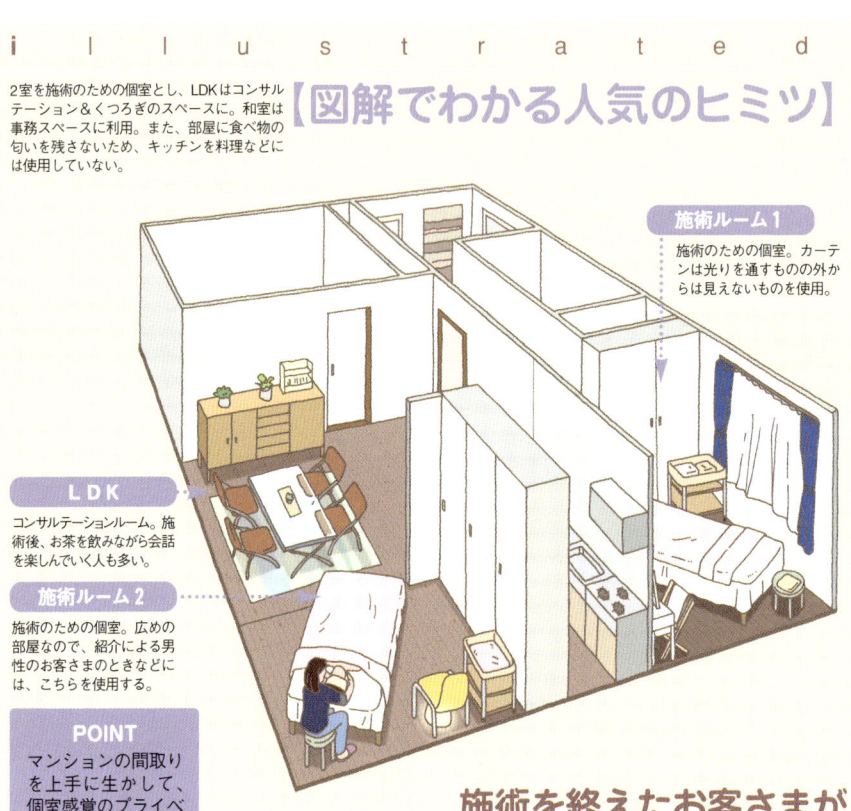

t h e s h o p

comfort tableの注目ポイント

来店時に次回（1カ月以内）の予約を入れると、10％オフにするなど、リピーターを増やす工夫を行っている。

派手さはないが、どの備品をとっても、おしゃれに工夫されたものとなっている。

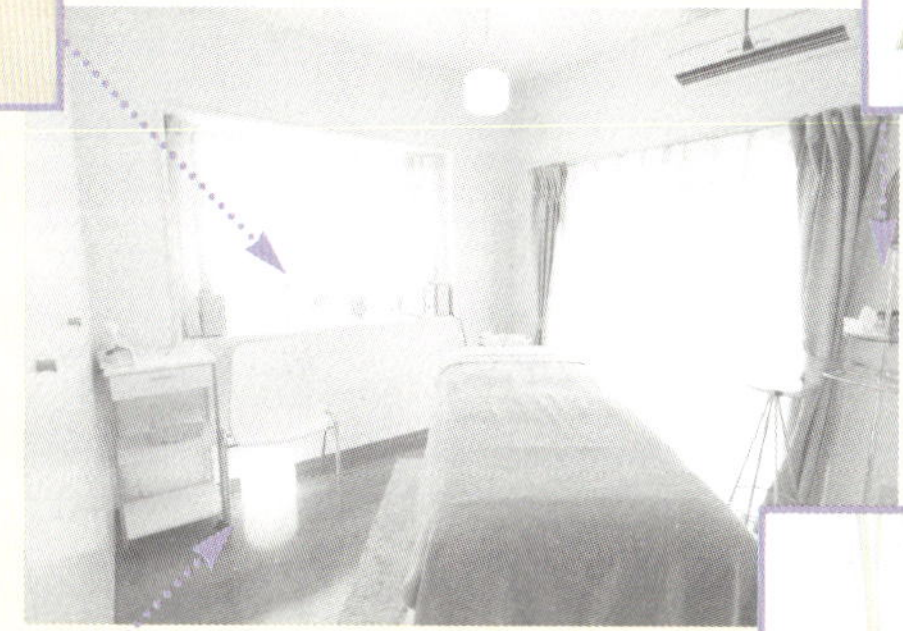

足元にも照明を配置。ベッドに横になったときに、ちょうど心地よい明るさになるように配慮してのこと。

もう1つの施術ルームのヘアスタイル、メイク直し用のスペース。壁の色に合わせて白で統一した。

s h o p d a t a

comfort table
住所／東京都世田谷区用賀2-31-10
イイダアネックス2-302
TEL／03-5797-5817
営業時間／平日13:00～22:00
土日祝日11:00～20:00
（完全予約制）
定休日／火曜
URL／http://www.comfort-table.com/

comfort table オーナーからのメッセージ

本気で自分のサロンを開業したいなら、スクールへ通っているうちに、できる限り、準備を進めておくこと。

「スクールで、理論と実践をたたき込まれたことが、財産となっています。人の体を触ると悪いところが“見えてくる”のです」

カフェ＆コンテナガーデンも楽しみな女性専用サロン

店名の「ピエルナ」とは、
スペイン語で「足」の意味。
「地に足をつけて、続けていこう！」
という思いを込めて命名された。
カフェ＆コンテナガーデンを併設し、
リフレクソロジーからフェイシャル、
アロマテラピー、整体にいたるまで、
女性のすべてのニーズに応える。

pierna

神奈川県横浜市

店内は、ホワイトを基調にしたシンプルスタイルだが、温もり感のあるソファやベッドを使用して、穏やかな印象に。入り口には、創作植物などを販売するテラスを設け、花々や緑でくつろぎ感を演出。路面店なので、ふらりと立ち寄りやすい。

オーナーのこだわり

…最寄り駅から徒歩約３分の便利な立地で、足を運びやすい。

…植物に囲まれたカフェ&コンテナガーデン「工房アイビー」を併設し、だれでも気軽に立ち寄りやすい雰囲気にした。

…リフレクソロジーから、整体、フェイシャルなど、幅広い技術を修得。資格も取得し、信頼を高める。

(右上)併設するカフェスペース。大きな窓から差し込む日差しが気持ちいい。
(右下)寄せ植え、苔玉、ハンキングバスケットなどは、すべて今野さんの母親ミヨ子さんによる手づくり。
(左)女性専用のサロンということもあって、施術後にヘアスタイルやメイク直しができるスペースも確保。

新規顧客獲得のきっかけは サロン専用サイトへの登録

彩り豊かな花々や寄せ植え、苔玉が美しくコーディネートされたカフェ。ドアを開くと、所狭しと配された創作植物が目を楽しませてくれる。今野真由美さんが、母親のミヨ子さんと一緒に開業した「pierna」はこのカフェの奥にある。

じつは今野さんは、2000年に横須賀でリフレクソロジーの専門店を一度、開いている。しかし、駅から徒歩15分、テニスコートに併設した建物の間借りだった。開店当時の顧客数は1カ月にわずか5～10人ほど。顧客獲得のために、最寄り駅とサロンの間を今野さん自身が車で送迎していた時期もあったが、顧客が増えるにつれ、続けるのは難しくなった。

「施術のあとの運転は、予想以上に目が疲れ、精神力も奪われます。送迎はすぐ断念しました」

そこで、以前から「女性が楽しめる、カフェやサロンの融合したお店を開きたい」という話を母親としていたこともあり、2004年10月、今野さんが奥の部屋でサロンを、母親がコンテナガーデンを兼ねたカフェのオーナーを担当するカタチで、現在の横浜に移転した。

それでも、移転当初は、客足は今ひとつだったという。地元の地域情報誌に、2004年の10～12月にわたり広告を掲載したが、3カ月間で、問い合わせはたったの1件のみ。そんなとき、友達に紹介されたサロン専用の検索サイトに登録。すると、新規の顧客が1カ月でなんと15人近く来店するようになった。

サイトの掲載情報にも工夫をこらし、初回来店者には3割引、2～3回目に来店した人には2割引のクーポンをつけて、リピーターと新規の顧客、どちらも獲得した。

「1回でも来店したお客さまに、必ずハガキを送っています。いかにお客さまを大切にするかがポイント」

(右上)フェイスは、ハンドテクニックを生かしつつ、話題の超音波で本格的なお手入れを。／(右下)カフェだけを楽しむことももちろん可能。写真は、ケーキセット(コーヒーまたは紅茶付き)580円。／(左上)施術時に用いるスチーマー。肌の乾燥を防ぐように配慮した。／(左下)整体メニューやアロマテラピーのメニューでは、ベッドに横たわってもらい、ゆったりとマッサージ。

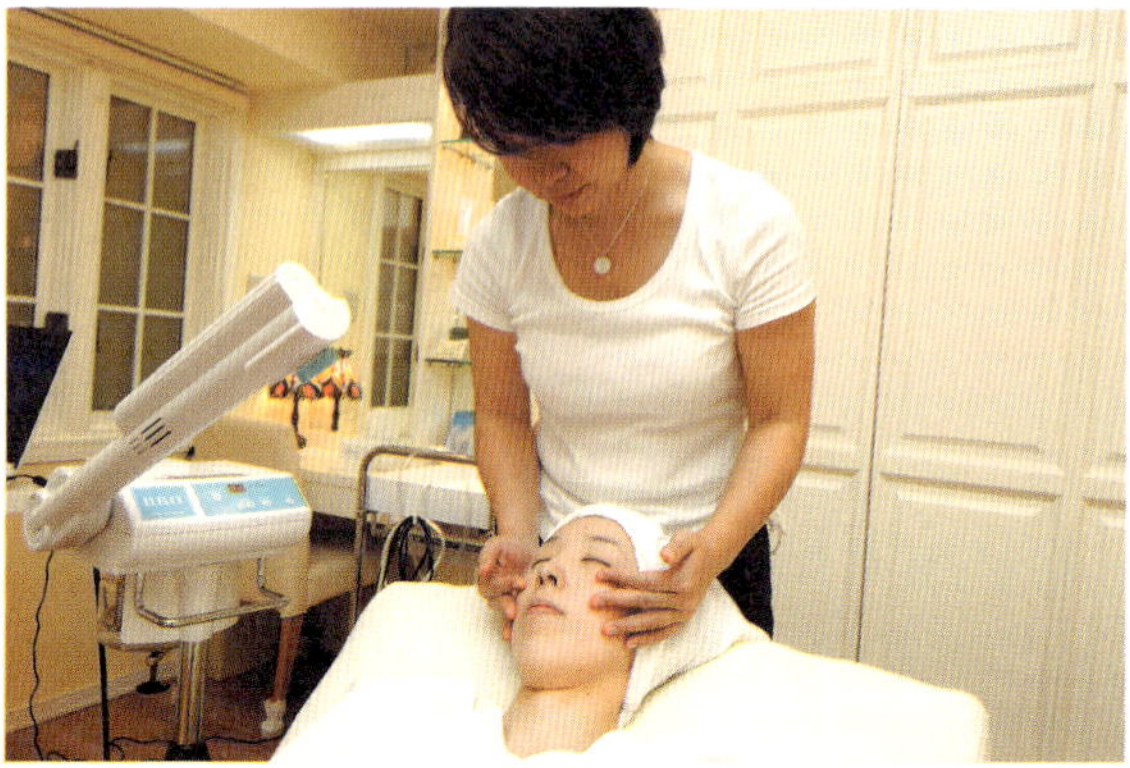

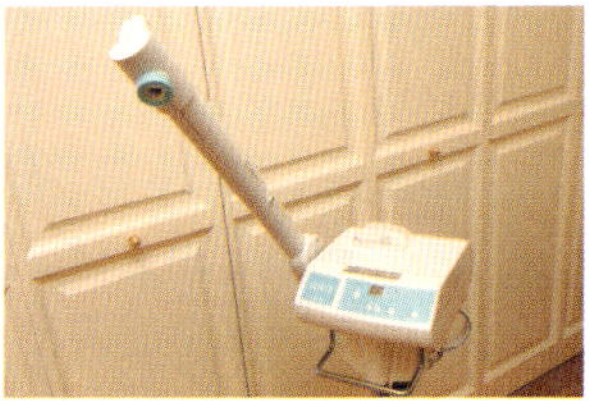

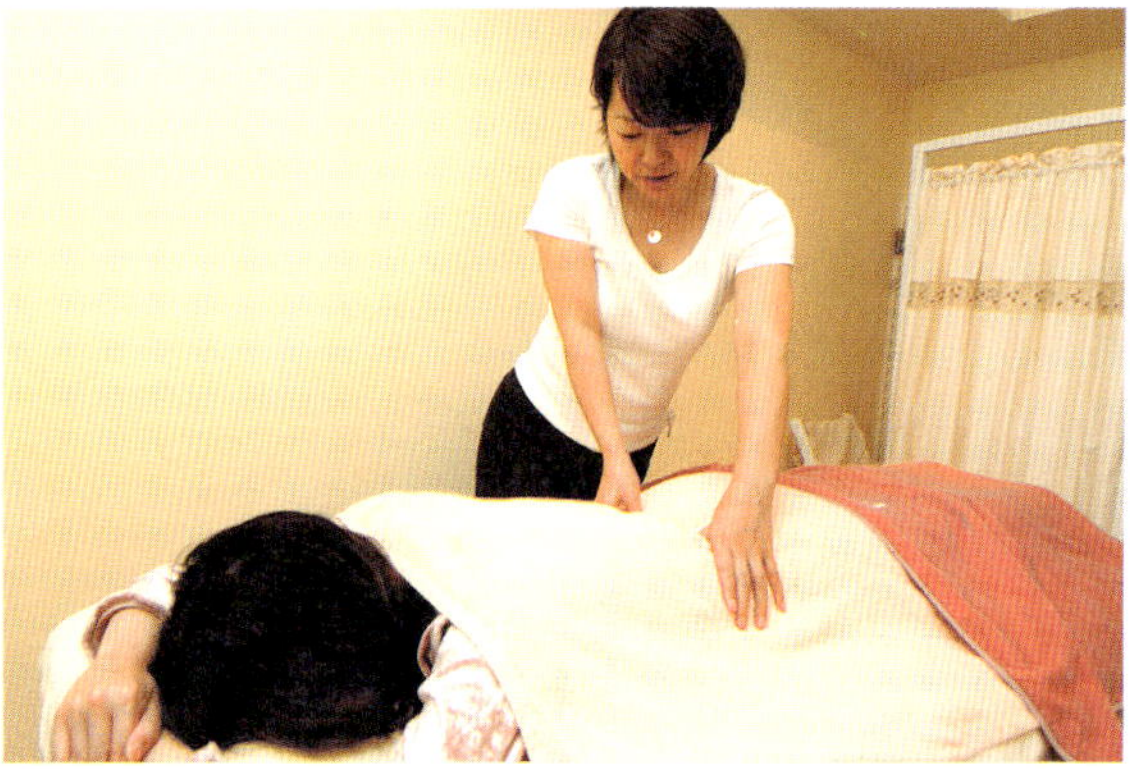

プチコースを設定して はじめてのお客さまも利用しやすく

広範囲に施術を学び 顧客に合った癒しを提供

施術のワザは、おもに横須賀のサロン時代に培った。横須賀では、当初、リフレソロジー専門店としてスタートしたが、顧客から「全身マッサージはないの?」と、リクエストが相次ぎ、すぐに整体のスクールに通い、ボディの技術を身につけた。

さらに、アロマテラピストや、フェイシャルに役立つエステティシャンの資格を取得。施術に自信がない頃は、25分のリフレクソロジーのコースに、ボディやフェイスのマッサージを30分近く無料でサービスするなどして、腕を磨いた。

「得意分野を極めることも必要ですが、幅広く施術を学んだことで、お客さまにアドバイスできることも多くなりました」

身につけた知識をベースに、今野さんは、施術前に十分なカウンセリングを行う。上質の癒しの時間を提供したい思いから、お客さまごとに

お店づくりのワザを学べ！

信用性を高めるための工夫は？

オフィシャルサイトを充実させた。店の雰囲気やメニュー内容、価格はもちろんのこと、セラピスト（今野さん）の顔写真も掲載した。

その効果は高く、今野さんがお客さまに来店のきっかけとなった理由を聞くと、「セラピストの顔や経歴がちゃんと載っていたから」という答えが意外に多いという。

お店の「看板」も大切だが、マンツーマンの施術の場合はそれ以上に、実際にどんな人がマッサージにつくかが、客側から見たお店選びのポイントの1つとなる。

今野さんの場合、取得した資格ほか経歴もすべてサイトに掲載している。横須賀や湘南のリフレクソロジースクールでの講師経験などが、いっそう信用性を高めることに役立っている。

リピーターを増やすためのコツは？

施術後に、ケーキとお茶をゆっくり楽しんでもらうため、施術と施術の間は、基本的に最低30分の余裕をもたせている。

「お茶を楽しみながら、のんびり会話を交わしたい、という方が多いですね。マッサージについての相談から世間話まで、いろいろとお話ししますよ。体だけじゃなく、心もスッキリして帰っていただけるように気をつけています」

こうしたコミュニケーションの積み重ねが、リピーターを増やすことに役立っている。

おもなメニューは？

〔フェイシャル〕
- ・プチフェイシャル　20分／1,500円
- ・ディープクレンジング　40分／3,000円
- ・ビタミンパックコース　60分／5,000円
- ・ハーブトリートメントコース　60分／5,000円
- ・デラックスコース　90分／7,500円

〔アロマテラピー〕
- ・アロマテラピートリートメント　60分／6,000円
- ・スエディッシュトリートメント　60分／6,000円

〔やわらか整体〕
30分／2,000円、60分／4,000円

〔リラクゼーション〕
30分／3,000円

〔リフレクソロジー〕
25分／2,000円、50分／4,000円

〔脚から毒素排泄コース〕
60分／5,500円

〔ヘッドトリートメント〕
20分／1,500円

開業資金の内訳は？

店舗物件取得費	10,000,000円
店舗工事費	10,000,000円
備品、什器費	1,500,000円
合計	21,500,000円

（内自己資金1,500,000円）

HISTORY　サロンオープンまでの歩み

1999年10月
リフレクソロジースクール卒業。卒業後はサロン勤務の後、出張セラピストで仕事に励む。

2000年9月
「リラクゼーションスペース　ピエルナ」オープン。整体・波動　自然波動法学院に入学し、1年間通う。

2003年1月
日本エステティック協会認定エステシャンを取得。

2004年8月
英国IFA認定 アロマセラピスト取得。

2004年10月
横須賀「リラクゼーションスペース　ピエルナ」から現在の横浜に移転。「工房アイビー」を併設した新サロンとして開業。

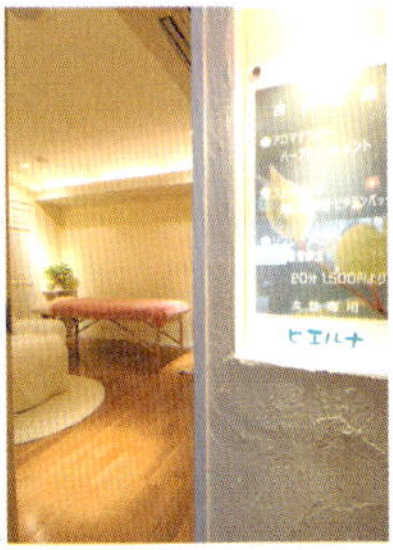

i l l u s t r a t e d

【図解でわかる人気のヒミツ】

カフェやテラスで緑を楽しめるため、施術前から癒し効果あり。サロンのやわらかな照明や観葉植物も心をリラックスさせるので、優雅な気持ちで施術を受けられる。シンプルながら温もり感を大切にした内装にも注目したい。

POINT
カフェとコンテナガーデン、サロンを計画的に併設することで、くつろぎの空間として、リラックス効果を促進した。

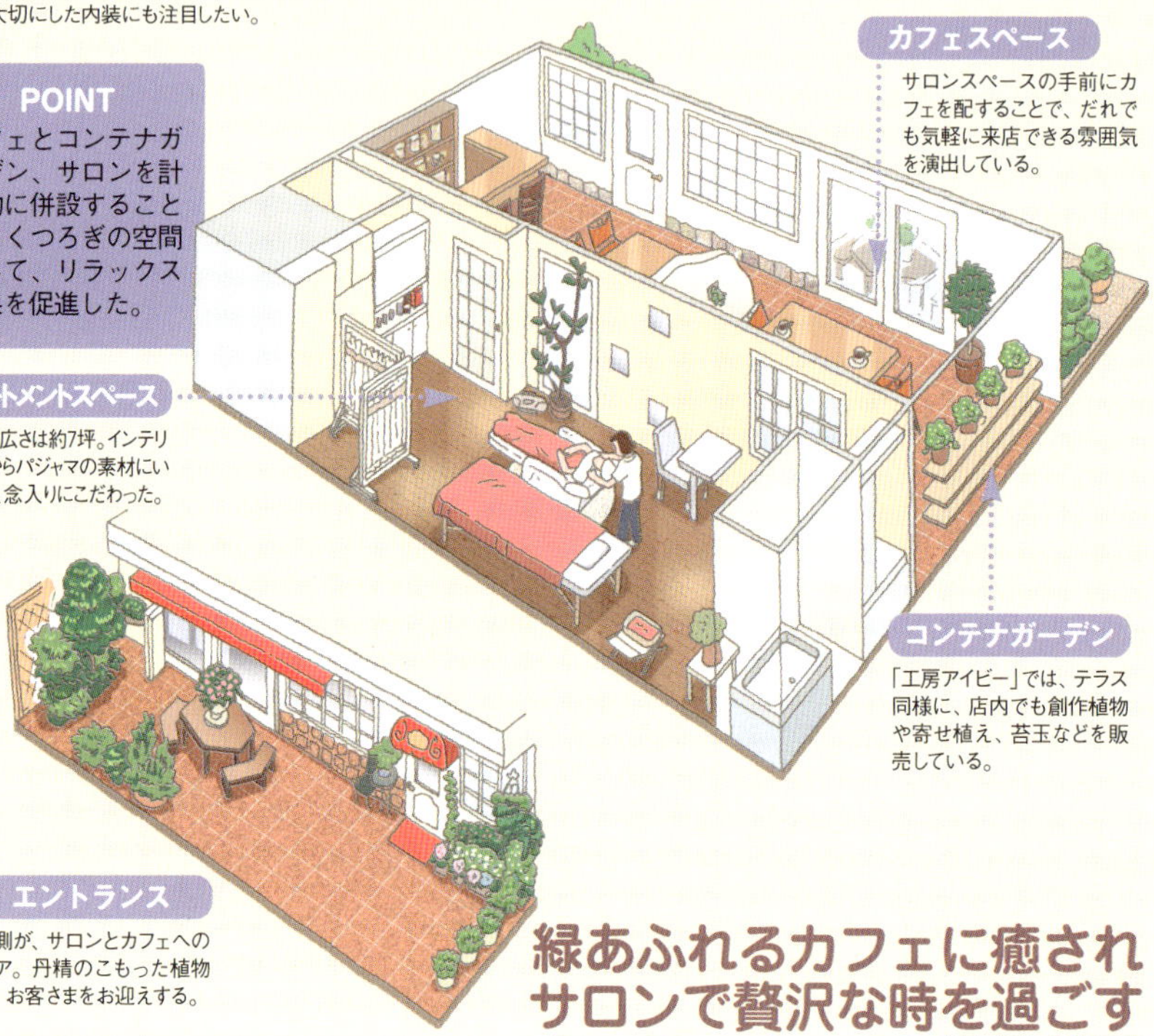

カフェスペース
サロンスペースの手前にカフェを配することで、だれでも気軽に来店できる雰囲気を演出している。

トリートメントスペース
サロンの広さは約7坪。インテリアの色からパジャマの素材にいたるまで、念入りにこだわった。

コンテナガーデン
「工房アイビー」では、テラス同様に、店内でも創作植物や寄せ植え、苔玉などを販売している。

エントランス
右側が、サロンとカフェへのドア。丹精のこもった植物が、お客さまをお迎えする。

緑あふれるカフェに癒され サロンで贅沢な時を過ごす 2つのスペースの相乗効果

適切なアドバイスを心がけている。「体内の毒素を排泄する効果のあるオイルを塗ってマッサージする『脚から毒素排泄コース』や『ハーブトリートメントコース』など、特徴的なネーミングのメニューに人気が集中しますが、実際にカウンセリングすると、お客さまの本来の目的と合っていないことがあります」

そうしたケースでは、きちんと理由を説明して、メニューの変更をアドバイスすることもあるという。

また、新規客獲得の工夫として、プチフェイシャルなど、時間の短いメニューを用意している。

「はじめて足を運ぶサロンだと、不安もあると思うので、試しやすいよう短時間のコースを設けています」

施術後は、カフェ併設のメリットを生かし、ハーブティーまたはそば茶と、カフェのお手製ケーキもサービス。とことん女性のためのサロンを実現した。

t h e s h o p

piernaの注目ポイント

お母さんのミヨ子さん。小料理屋のオーナー経験もあることから、お店のノウハウにくわしく、サロンの運営もバックアップ。

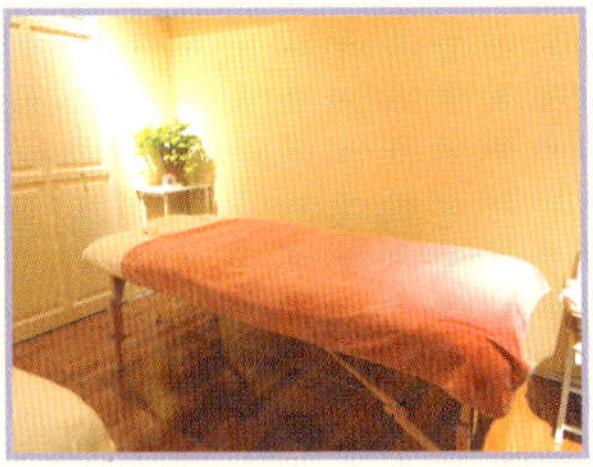

無機質な店内にならないように、ベッドのシーツやカーテンは友人に製作を依頼し、手づくり感を出した。

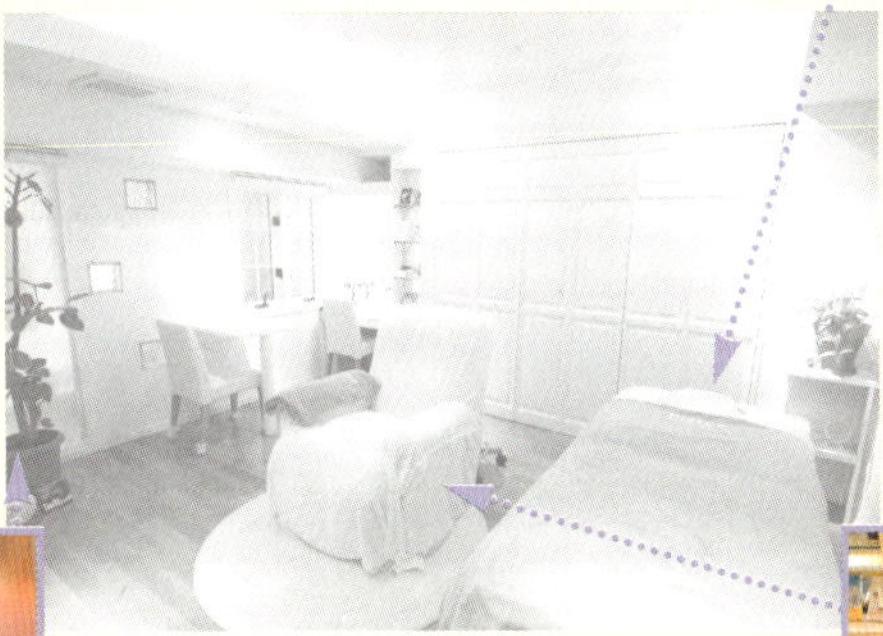

インテリア類やガウンなどは、今野さん自身が東京と横浜の全デパートと気になる雑貨店すべてに足を運び、選びに選び抜いた。

施術終了後にサービスするハーブティやケーキも大好評。サロン、カフェスペース、どちらでいただいてもOK。

s h o p d a t a

pierna
住所／神奈川県横浜市中区長者町9-149-4 ダイヤパレス伊勢佐木長者町1F
TEL／045-253-2127
営業時間／10:00～19:00（受付は～18:00）
定休日／日曜
URL／http://www.pierna-ivy.com/

pierna オーナーからのメッセージ

リフレクソロジーやフェイシャルの場合でも、整体など体全体の知識を身に付けておくと、視野が広がります。

「お客さまがリラックスした表情で帰っていくのを見るとやりがいを感じます。お客さまにはいつも成長の糧をいただいております」

山のなかの一軒家で海に抱かれたようなトリートメント

最寄りのＪＲ辻堂駅から徒歩25分。
バスも1時間に2本程度の山のなかに
Energy Fieldはある。
それでも、そんな山道を登って、
訪れてくれるお客さまが後を絶たない。
家族連れもOKなため、
OLから主婦まで人気を集めている。

タラソ&アロマ
トリートメントサロン

Energy Field

神奈川県茅ヶ崎市

もともとが別荘のため、窓スペースが大きく、光が気持ちよく差し込む。物音ひとつしないなか、鳥のささやきと木々の揺れる音が静かに響く。自然の恵みに包まれたサロンとなっている。

オーナーのこだわり

- …手つかずの大自然に囲まれている環境こそ、サロンとしてふさわしいと考えた。
- …子育て中の女性こそ疲れている。サロンで休んでほしいと考え、子連れOKにした。
- …タラソテラピーによる施術。死海の泥と塩によるボディラップで全身からミネラル補給。

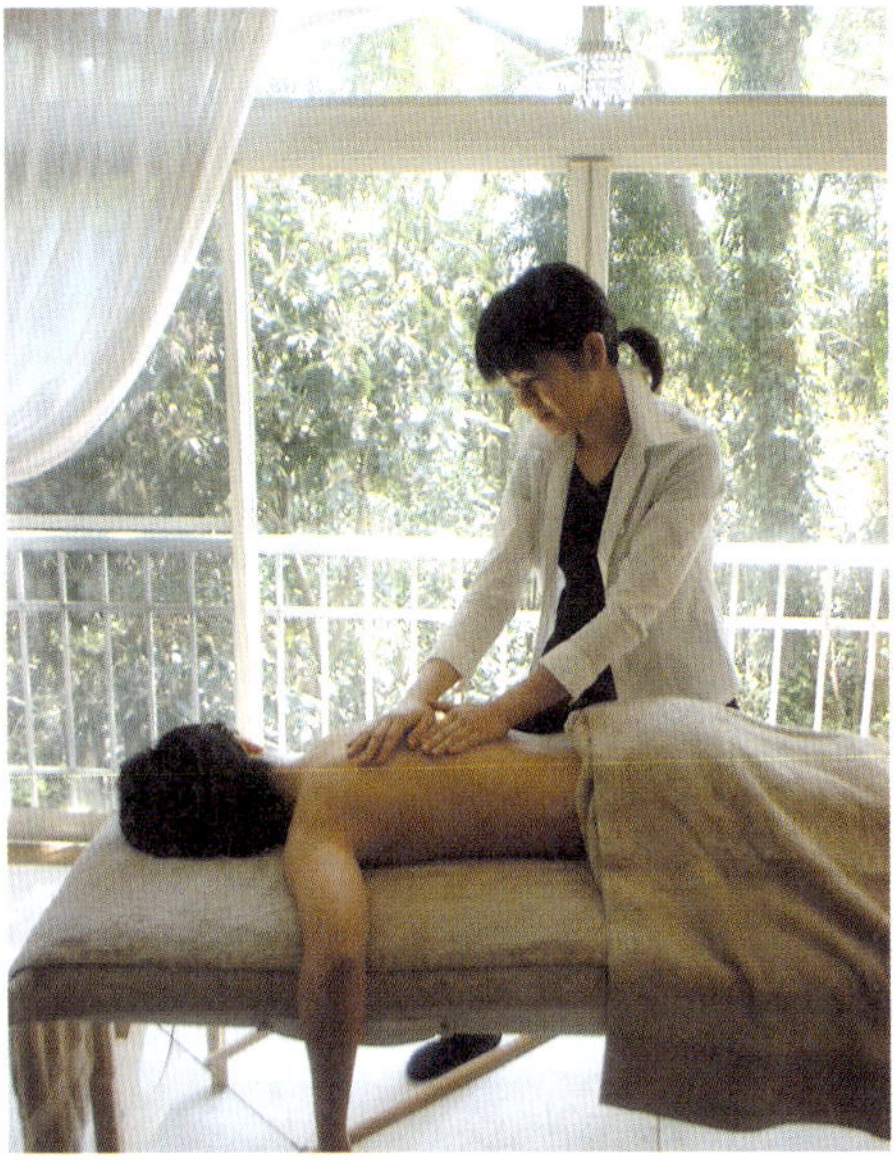

(右)窓からの光と緑を体の深部へとそそぎ込むような、ゆったりとしたアロマトリートメント。／(左上)自然光だけでなく、照明を上手に使うことで、明るさにやわらかみを加えている。／(左下)赤ちゃんがいる人でも安心して施術が受けられるように、施術ベッドの奥にはベビーベッドも用意。

家との出会いで念願の自宅サロンが実現

生い茂る竹林やけやきからの木漏れ日が気持ちいい。風の音や鳥の声がごく当たり前に心地よく聴こえてくる。Energy Fieldは、茅ヶ崎市にそびえる赤羽根山の麓にある。山の斜面という地形を生かしてつくられた一軒家だ。宝官明子さんは、この自宅リビングを活用して、2004年にサロンを開業した。

「築20年ほどの家です。結婚後、出産を機に購入しました」。いつかは海の近くで自宅サロンを、という宝官さんと、山が好きというご主人の〝折衷案〟として選んだ場所だったという。

「自然のなかで子育てできる環境が気に入り即決でした。それが結果的に〝大自然のなかのサロン〟という大きな特色にもなりました」

実際、豊かな緑と静けさに囲まれているだけで癒される。その環境のなかでタラソテラピー&アロマトリートメントによる心と体のケアが行われる。

宝官さんは、大学卒業後、10年間OLとして働いていた。ただ、仕事が忙しく、このままでは心身ともダメになってしまうと思い、心と体の勉強を始めた。そこでタラソテラピーと出会い、会社を退職してスクールに入学。同時にアロマテラピーに関する技術と知識も学んだ。

その後、湘南ホテル内のサロンで技術者として働いていたが、そのホテルが閉鎖することになったのを機に、自宅で開業することに。ご主人の協力を得て、外のテラスから直接出入りできるリビングをそのままサロンにした。

当初は改装などは行わず、ベッドとソファなど備品を多少そろえてスタートした。ただ、タラソテラピーでは、どうしても泥を落とす必要があるため、自宅の浴室シャワーをお客さまに使ってもらっていた。しかし、その場合、浴室まで廊下をわざ

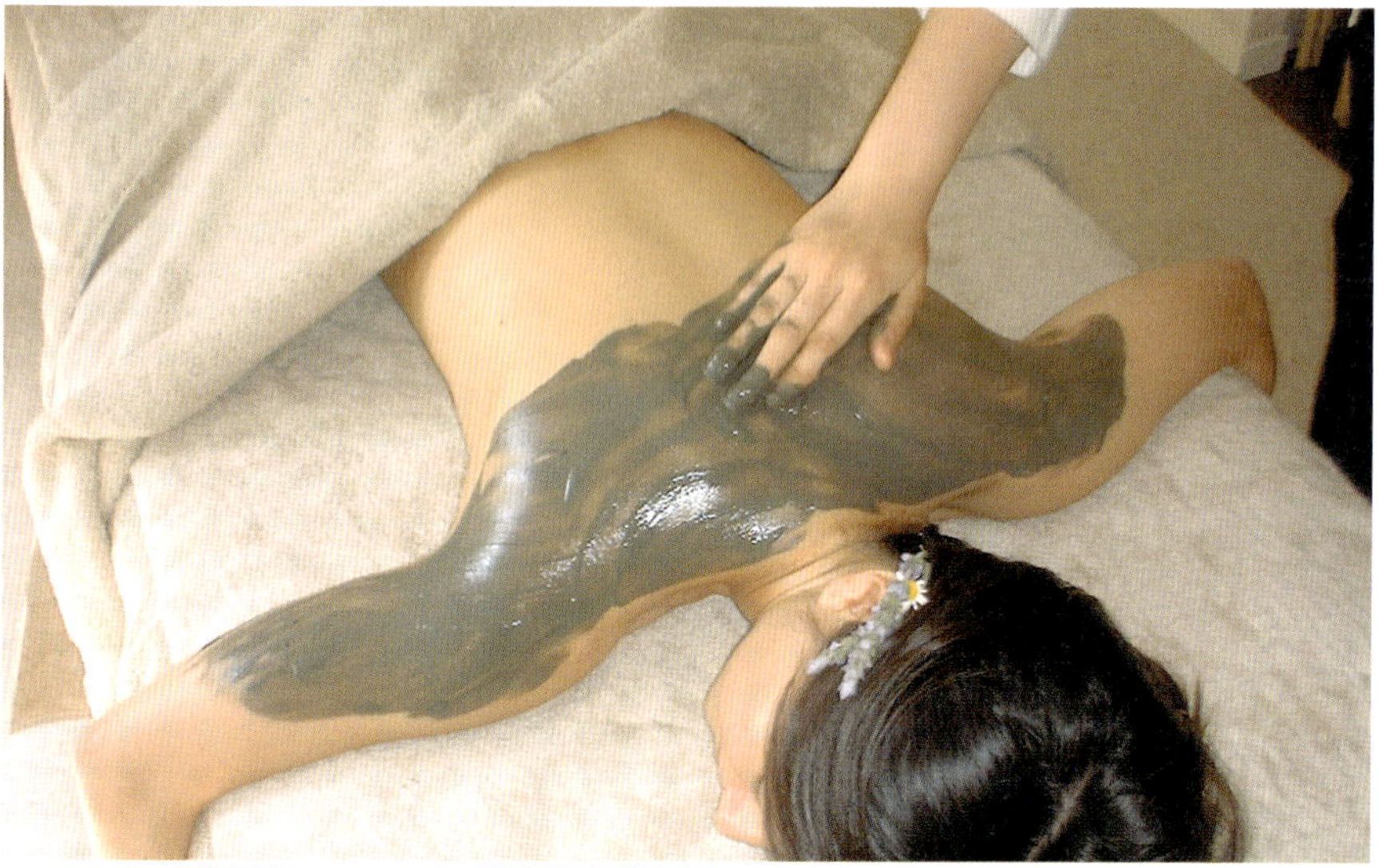

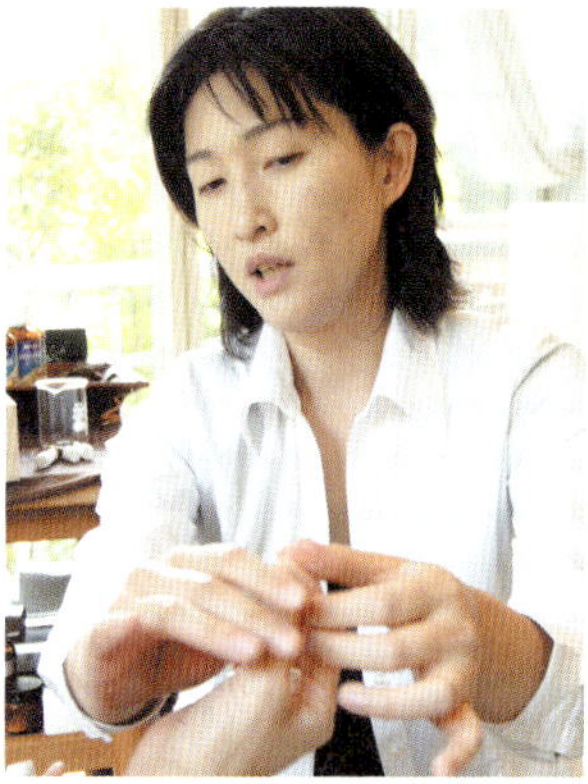

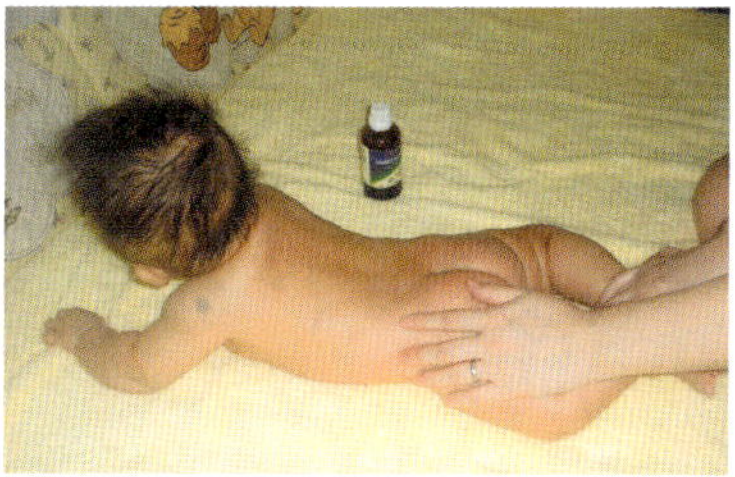

(上)タラソのパックと遠赤外線サウナで、体の奥から老廃物や疲れをとる。
(右下)0歳から6歳までを対象にしたベビーマッサージ。個人レッスンなので、ベビーのご機嫌に合わせて行う。
(左下)施術中の宝官さん。体質、体調を見極め、適切なアドバイスを行う。

体の老廃物と心のストレスをデトックス(解毒)する

わざ移動してもらう必要があることから、2005年になって、シャワールームと洗面台を取りつけた。

あらゆる世代の女性の心と体をケアしたい

宝官さんは、ホテルのサロンで勤めていたときに、経理面も任されていた。そのため、経営に関してはさほど不安はなかったと言う。

「それよりも贅沢に時間と空間を使って、納得のいく施術ができるのがうれしかった。自分のこだわりを通せるのが、独立の一番の魅力でしょうね」

また、宝官さんがオープンに際してとくにこだわったのは、「あらゆる年代の女性に来てもらえるサロンにしたい」ということだった。

女性は、結婚、出産、産後、更年期と経ていくなかで、状況だけでなく体も変わっていく。だからこそ、その時期、その時期に必要なケアをしてあげたいと思った。

「とくに子育て中って一番心身とも

お店づくりのワザを学べ!

駅から遠いと不利では?

宝官さんのサロンは、最寄り駅から徒歩25分かかる。そのため、最初はタクシーで来る人も多いが、帰りには歩いていくことをすすめている。「ちょうどいい有酸素運動になるので、とくに施術前に歩いてきてくれると、体の血行がよくなって、効果も上がるんですが……」と宝官さん。

発想を変えて、逆に徒歩をすすめることで、駅からの遠い「不便さ」を、「価値」あるものに変えている。

仲間とサロンを開くメリットは?

自宅サロンとはいえ、1人でやるのは嫌だったという宝官さんは、フリーで活躍するセラピスト仲間にスタッフとなってもらっている。

仲間と協力し合うことで、それぞれの得意分野を生かすことができる一方で、それらの技術を学ぶことができ、自身のスキルアップにも役立つという。

また、自分自身が元気でなければいいケアもできないので、みんなで協力しあいながら、つねにセラピスト自身が、心身ともに楽しく居られる環境をキープしていくことができる。

おもなメニューは?

〔アロマテラピー〕
・サウナ&スケルプ 60分/5,000円
・サウナ&ボディアロマ 120分/10,000円
・サウナ&トータルアロマ 180分/15,000円
・ロミロミ 120分/10,000円、180分/15,000円

〔タラソテラピー〕
・タラソ&スケルプ 60分/5,500円
・タラソ&ボディアロマ 120分/10,000円
・タラソ&トータルアロマ 180分/15,000円
・エターナル・プリンセス 180分/22,000円

〔ファミリーケア〕
・ベビーマッサージ・レッスン 15分/1,000円×3回
・マタニティケア 60分/5,000円
・ペア&ファミリーコース 120分/5,000円×2回
・託児付サウナ&ボディアロマ 120分/10,000円

開業資金の内訳は?

備品料	約800,000円
リフォーム料(シャワールーム、洗面台など水回り設置工事費)	約1,500,000円
合計	約2,300,000円(自己資金)

オイルは、オーストラリアで医療認定を受けている効果の高いアロママッサージオイルを中心に、各人に合わせて選択。

HISTORY サロンオープンまでの歩み

1997年
タラソセラピスト学院入学。独学で心と体についての知識も習得。
同年、学校へ来ていた求人で湘南のリゾートホテル内にあるサロンで技術者として働くことに。併行して他サロンでの個人セッションや出張ケアで技術を磨く。

2002年
共同経営のようなスタイルで、そのままホテル内サロンの運営に携わる。

2003年
ホテル閉鎖にともなって、サロンもやめ、出張ケアで技術をみがく。子育てに専念する。

2004年
自宅でサロン開業。

i l l u s t r a t e d

【図解でわかる人気のヒミツ】

スニーカーでも来店できる気軽さとともに、優雅なひとときも味わってほしい、との思いから自宅をサロンに。気品と清潔感のある演出を心がけている。とくに子ども連れにうれしいサービス、設備が整っている。

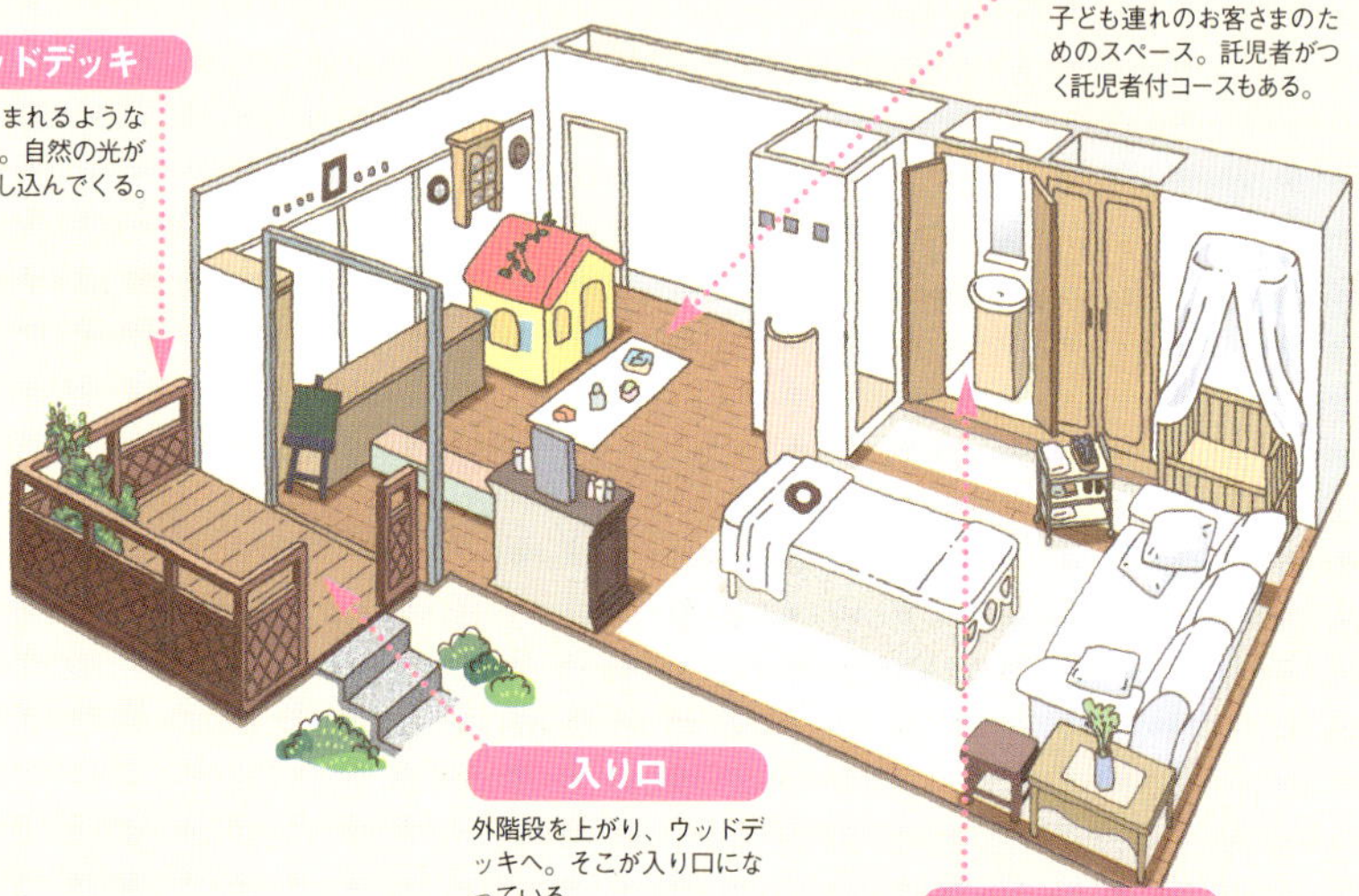

ウッドデッキ
周辺の緑に囲まれるようなウッドデッキ。自然の光がふんだんに差し込んでくる。

プレイスペース
子ども連れのお客さまのためのスペース。託児者がつく託児者付コースもある。

入り口
外階段を上がり、ウッドデッキへ。そこが入り口になっている。

洗面台
クローゼット内に洗面台を設置。扉を閉めれば、外から見えずスッキリ。

POINT
もともと別荘用の間取りのため窓が大きく、光が気持ちよく差し込む。周辺の豊かな自然環境も魅力。

自然に囲まれた環境のなか、気取らないエレガントさと子ども連れに安心なサービスを提供

に疲れているときでしょ。そんなお母さまたちがお子さんを連れて気軽に行けるサロンにしたいと思ったんです」

　お子さま連れへのメニューとして、託児者付きコースを設置。また、託児者がつかなくても子どもたちがひとりでビデオやおもちゃで遊んだり、お昼寝ができたりするスペースを確保している。

「うちはご主人が同伴されるのも大歓迎です。実際、多いですよ。託児者よりご主人にお子さんを見てもらうほうが、気兼ねなく施術を受けていただけるので、リラックス度も高いようです」

　宝官さん自身も3歳の女の子の母親。それだけに、子育て中の女性の大変さ、苦労が身にしみてわかる。

「ほんのひととき、お子さまから離れて疲れがとれると、とてもよいお母さんの顔になるんです。それがいっそう、この仕事の喜びや励みになっています」

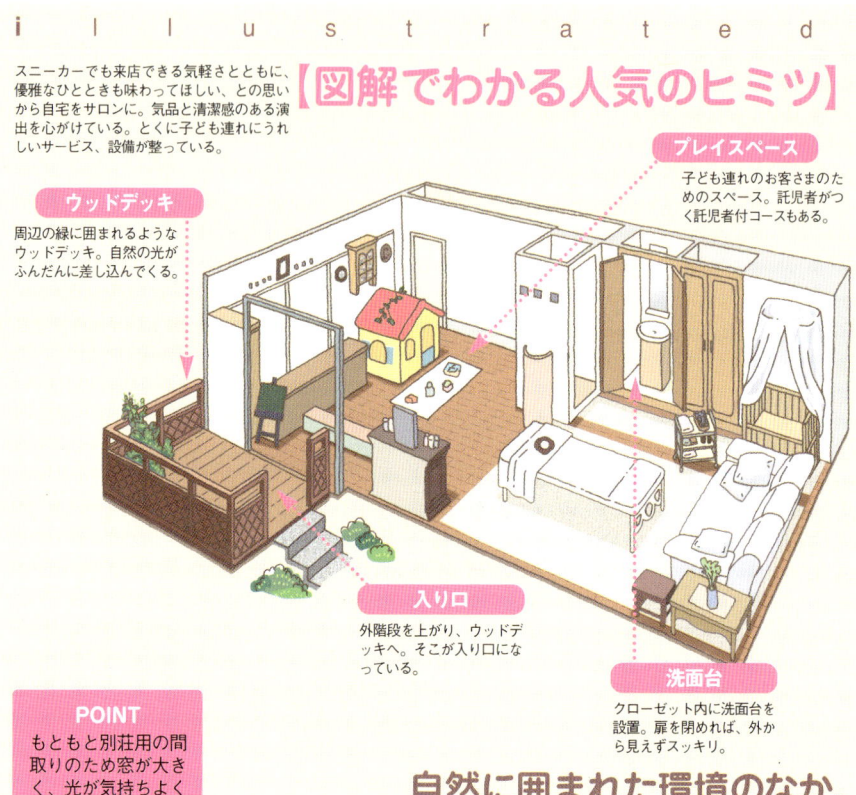

the shop

Energy Fieldの注目ポイント

シャワールームは05年になってから設置。合わせて、クローゼットのなかに洗面台も取りつけた。扉を閉めれば、外から見えないのでちょうどよい。

本物の緑に囲まれているため、風の匂いが違う。鳥のさえずりも、ヒーリングの効果を高める。

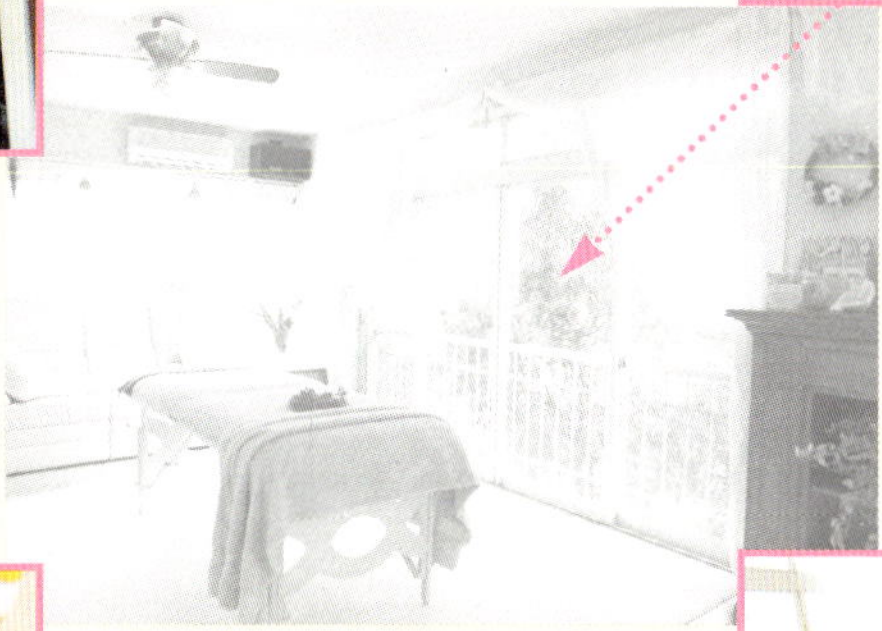

施術前にはハーブコーディアルで割った黒酢を飲んでもらう。サウナの前に血をサラサラにして、血栓を予防し、解毒力をさらに高める効果があるという。

右ページのイラストでもふれたプレイスペースがこれ。ご希望があればビデオを見ることもでき、退屈しない。

shop data

Energy Field

住所／神奈川県茅ヶ崎市赤羽根3066-18
TEL／0467-55-1563
営業時間／平日10:00～、13:00～、18:00～（完全予約制）
定休日／土曜
URL／http://www.egfield.com/

Energy Fieldオーナーからのメッセージ

人と接する仕事なので、奉仕の気持ちも必要だと思います。ライフワークとして、心と体に関わることを勉強していきたいと思える人に向いている職業だと思います。

「施術を終えられたお客さまの笑顔や階段をスキップしながら軽やかに下りていく姿を見ると、心から喜びとやりがいを感じます」

夫婦がともに得意分野を生かした地域の人に愛されるサロン

平日は近所の主婦が買い物帰りに、会社員の男性はもっぱら休日に、そして、家族3世代そろって、訪ねてくれる人たちも。まるで、お茶でも飲みに行く気軽さで、地域の人々に愛されている、夫婦で営む、アットホームなサロン。

リラクゼーションスペース
incondition
東京都練馬区

グリーンのショップテントと看板が目印。だれでもふらっと気軽に立ち寄れるのは路面店の魅力。一方で店内のお客さまが外を気にしなくてすむよう、ロールスクリーンやカーテンでひと工夫している。

オーナーのこだわり

- …あらゆる世代のお客さまが来てくれるので、清潔感あふれる店内をつねに心がけている。
- …シンプルながらも、温かみを感じてもらえるよう、グリーンを随所に配置。
- …独立までの5年間、それぞれに整体院やサロンで経験を積んできたことが同店の強み。

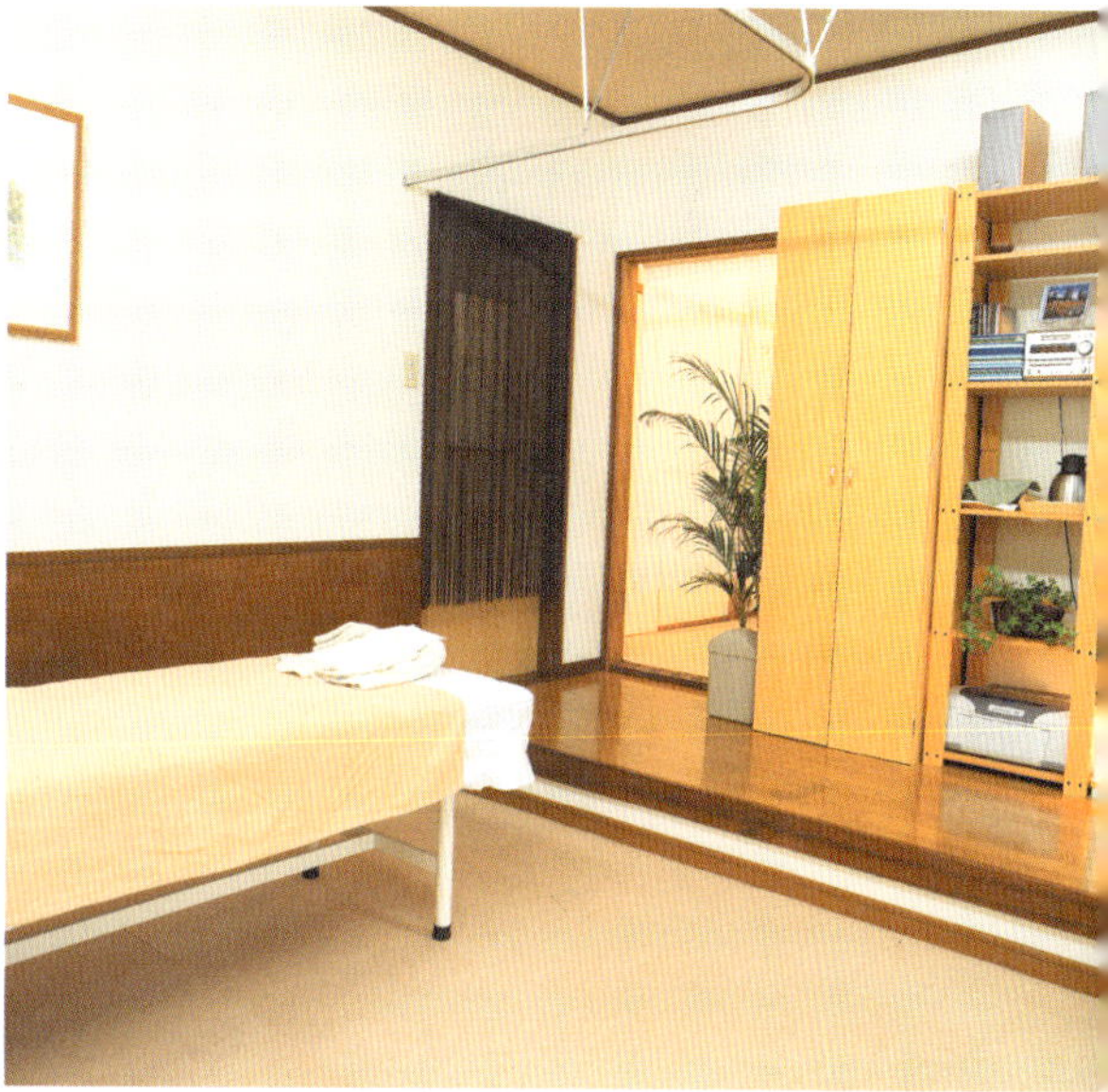

（右）約10畳のスペースに整体用のベッドと事務処理スペース、そして客用の座って和めるテーブルを設置。／（左上）「僕の技術でなければ、イヤだというお客さまを増やしていきたい」という写真右の雅人さん。／（左下）愛理さんは、自らが冷え性で、3日間連続でリフレクソロジーを受けて劇的に解消した経験を持つ。

訪れてくれるだれもが ホッとできる空間に

最寄り駅から徒歩5分。大手スーパーの真ん前という好立地にあるリラクゼーションスペースincondition。グリーンのショップテントが〝目印〟になっている。

「このテントをつけたのは、実は最近で。毎日、前を通るのに気づかなかったというお客さんがいたものですから」と、照れながら話してくれたのはオーナーの関口雅人さん。ここは、もともとたばこ屋を営んでいた雅人さんの実家。愛理さんとの結婚を機にサロンを開くことになり、倉庫になっていた店舗スペースと隣接する和室を改装。2003年2月にオープンした。

店内は白を基調とし、ところどころにグリーンの植栽を配した、じつにシンプルな空間。「老若男女問わず、地元の方々が来てくださる店にしたかったので、できる限り無駄なものを省きました」とのこと。

雅人さんはビジネス系の専門学校を卒業後、不動産会社に内定していたが、「いつか独立したい」という夢をかなえるため、1年間のバイト生活を経て、整体のスクール、メディックスボディバランスアカデミーへ入学。卒業後はスクール直営サロンで整体の経験を5年間積んだ。

一方、愛理さんは保育園で栄養士として働いていたものの、体調を悪くしたのを機に「体を健康にする仕事につきたい。そのためのスキルを習得したい」と思い、雅人さんと同じスクールへ通った。2人はそこで出会うことになった。

愛理さんは卒業後、フットマッサージ、英国式リフレクソロジー、アロマテラピーなど、いくつかのサロンを転職することで、さまざまな技術を習得していった。

オープン後は、雅人さんが整体とほぐしのコースを、愛理さんがアロマボディトリートメント、フェイシャルケア、リフレクソロジーのコー

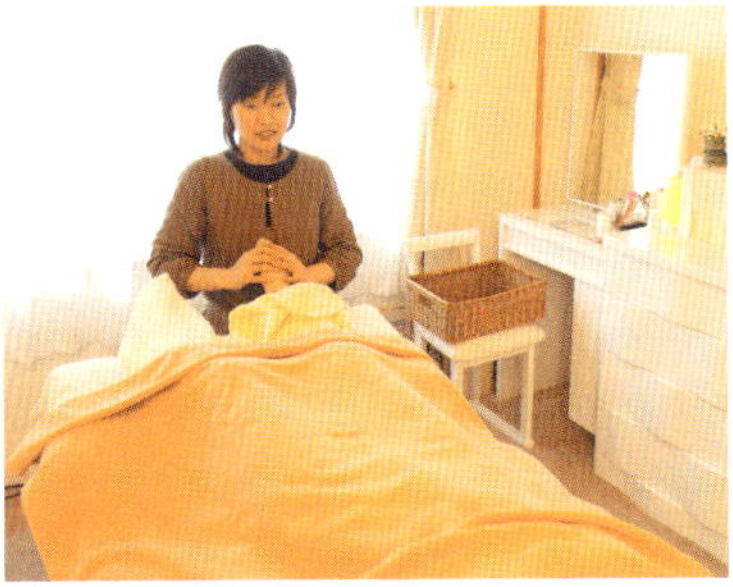

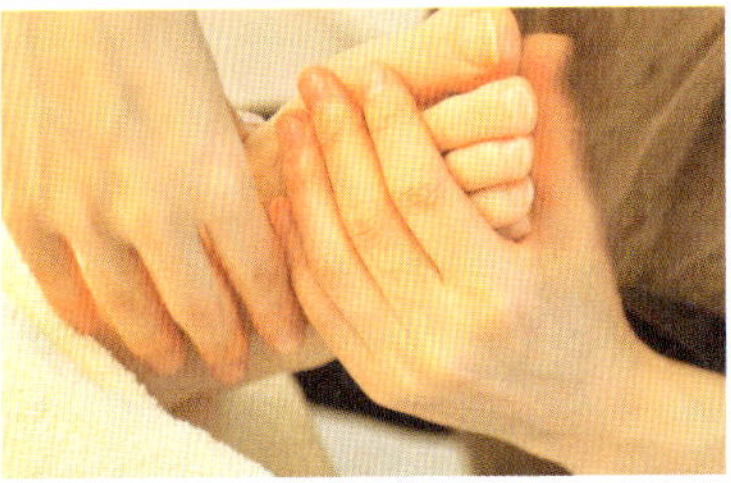

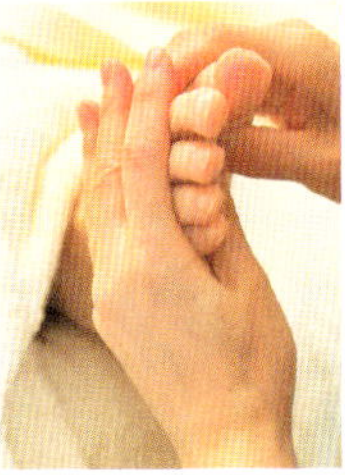

(右) 5年間直営サロンで働いた経験で、1人ひとりに合った方法で体をほぐしていく。(左3枚) アロマテラピー、フェイシャルなど愛理さんのケアスペースは、和室を利用。ふすまと壁紙は改装している。ていねいな手技を施していく。

それぞれの得意分野を生かし専門性の高いサービスを提供

スをそれぞれ担当。それぞれの得意分野を生かして多彩なコースメニューをそろえた。

幅広い年齢層のお客さまに確かな技術とサービスを提供

お客さまは、平日は主婦など女性層が中心だが、土日になると圧倒的に会社員が整体を受けに訪れる。

「ご夫婦や、おばあちゃんと娘さんとお孫さんの、親子3世代で来てくれる方々もいるんですよ」と愛理さん。

開業当初は新規顧客の獲得のため、オープン記念として半額キャンペーンを行った。「本当に多くの方が来てくれたので〝これでやっていける〟と思った。でも、キャンペーンを終了した途端、ガクンとお客さまは減ったのです」

その教訓から、ディスカウント目当てではなく、本当に自分たちのサロンを気に入って来てくれるお客さまを増やすことを改めて意識した。

お店づくりのワザを学べ！

価格設定の方法は？

大手スーパー前という立地に恵まれてはいるものの、住宅街であり、地元の人々が気軽に立ち寄れるサロンにしたいという思いがあった。

そのため、価格は都内サロンよりも、少し低い価格に設定した。「周辺の美容院も都心よりやや安め。その設定を参考にしました」と雅人さん。

宣伝は何が一番効果がある？

雅人さんは、直営サロン勤務のとき、売り上げの少ない店に配属されたことがあった。新規顧客の獲得のため、連日、ビラ撒きを行ったが、ほとんど集客につながらなかったという。

そのときの経験から、チラシをつくってポスティングをしても、安っぽくなりかねないというのが雅人さんの考え。現在は、店先の看板と口コミとホームページで勝負している。

備品はどのようにそろえていった？

開業資金を抑える意味もあって、最初はベッドや精油など最小限の備品購入ですませた。

アコーディオンカーテンや、店先のテントなどはオープンした後で、徐々に買い足していったものだという。

「オープン後、いろいろ必要なことに気づくから、一度に買いそろえるより、店の様子を把握してからそろえたほうが無駄がないと思います」と雅人さん。

おもなメニューは？

〔ほぐしコース〕
- 20分／2,000円、40分／3,000円、60分／5,000円、90分／8,000円※延長は10分1,000円から

〔ボディバランス整体コース〕
- 1回60～90分／6,000円

〔アロマボディートリートメント〕
- トライアルコース　約40分／4,000円
- 半身コース（上半身、下半身いずれかの部分アロママッサージ）約60分／7,000円
- 全身コース　約90分／10,000円、約120分／13,000円

〔フェイシャルケア〕
- 5,000円～8,000円

〔リフレクソロジー〕
- 3,000円～8,000円

※アロマ、フェイシャル、リフレクソロジーは現在、一時休止。

開業資金の内訳は？

改装工事費	備品で約1,500,000円
合計	約1,500,000円（自己資金）

店名の「incondition」は、「体の調子が良い」の意味。本当に元気になってもらえるような場所にしたいという願いを込めて名づけたもの。

HISTORY サロンオープンまでの歩み

1998年
雅人さんは、整体に興味を抱き、1年間アルバイトで学費を稼ぎ、この年から整体のスクールへ。同年、愛理さんも同校入学。「体と健康」をキーワードに雑誌でいくつかのスクールをピックアップし「一番、いろいろな分野が学べる気がして」ここを選んだ。

1999年
雅人さんはスクール直営店に就職。愛理さんは、アロマやリフレクソロジーなどのサロンをいくつか経験することに。

2003年2月
結婚と同時に、自宅を改装し、サロンをオープン。

i l l u s t r a t e d

【図解でわかる人気のヒミツ】

ふらりと気軽に立ち寄れるのは、自宅を改装したサロンの魅力のひとつ。一方ではお客さまが外を気にしなくてすむよう、ロールスクリーンやカーテンでひと工夫。夫婦それぞれが得意分野を生かして喜ばれている。

元店舗スペース
地域の人が入りやすいよう、白を基調としたシンプルかつ清潔感のあるサロンに改装。主に雅人さんが整体とほぐしを担当。

自宅スペース
行き来できる扉は１カ所のみ。料理の臭いなどに気を配っている。

元住居
住宅らしさをなるべくなくしたが、幅広い年齢層のお客さまに評判のよい空間になっている。愛理さんがリフレクソロジーなどを担当。

お客さまスペース
座ってお待ちいただけるように、イスとテーブルを設置。

POINT
サロンの入り口は、住まいの玄関とは別に設けているほか、お客さまに生活感を与えないつくりにしている。

自宅の元店舗・住居を改装し、地域の人が気軽に利用できる“ご近所さん”的サロン

そのためには、何より確かな技術とサービスがなければならない。「自分に合ったスクールを探し、そこで基礎をきちんと身につけることが第一ですが、本当の意味での〝技術力〟は、現場での経験で決まってきます」と雅人さん。

サロンで勤務経験を積む場合、クレームなどにも対応し、自分でどれだけ向上していけるかも大切となる。そこでの努力が、独立してから大きな〝力〟となるわけだ。

一方、愛理さんはいくつかのサロンを経験することで、技術を習得。ハーブなどは独学で学び、アロマテラピーの施術に加えていた。

それぞれに得意分野をつくり、担当の棲み分けを明確にすることも、夫婦で一緒に進めていくうえでは大切なことだと言えそうだ。

現在は愛理さんは妊娠中。しばらくアロマはお休みだが、雅人さんは「そのぶん、僕が整体で頑張ります！」と笑いながら答えてくれた。

t h e s h o p

incondition の注目ポイント

精油やお茶など、健康にまつわる商品の販売も行っている。ただ販売するだけでなく、選び方などのアドバイスも丁寧に行っている。

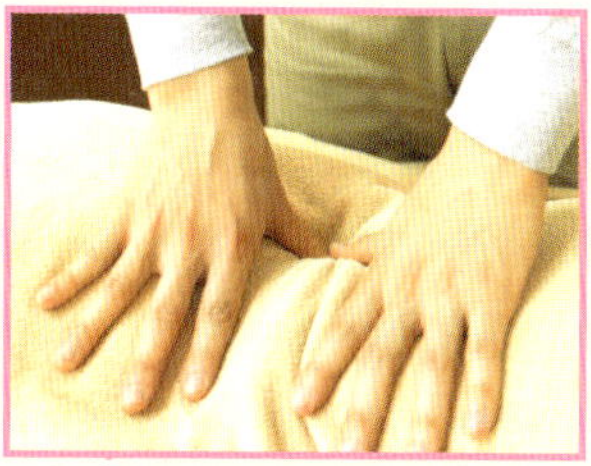

ボディバランス整体コースのメニューは、「1回60〜90分／6,000円」で、「体の症状によりお時間がかかる場合もあります」と注意書きが加えられている。こうしたサービスを惜しまないスピリットが人気の秘密となっている。

アロマを自宅でも楽しんでもらおうと、手書きPOPを使って情報提供している。

シンプルさのなかにも、癒しの空間であることを演出するため、ちょっとしたところにも、意識的に緑を取り入れている。

s h o p d a t a

incondition
住所／東京都練馬区高野台1-21-18 1階
TEL／03-6766-1966
営業時間／平日11:00〜19:30（最終受付） 土曜・日曜・祝日11:00〜19：00（最終受付）予約優先
定休日／木曜、第2・4水曜
URL／http://www.in-condition.com/

incondition オーナーからのメッセージ

サロンに勤務して技術を学んでいると、時にはクレームなど、苦い経験をすることも。それでも本当に好きなら続けていけるはず。

「自分のサロンだから、やりたいと思ったことをすぐ実践できます。これからもお客さまが喜んでくれる施術とサービスを追求していきます」

多彩なメニューは選ぶのも楽しくなる!

フーレにリフレ、アロマ
フェイシャル、カラーセラピー
今注目のリンパドレナージュまで、
豊富なメニューのなかから
好みの施術を自由にチョイス。
ゆったりセラピータイムに
選ぶ楽しさをプラスした
女性専用の明るいサロン。

natural treat

東京都江戸川区

サンドベージュのチェック柄が柔らかい壁とフローリングのロビー、その奥に2つの施術室とスクール室、事務室が並ぶ。明るい雰囲気が印象的な店内。

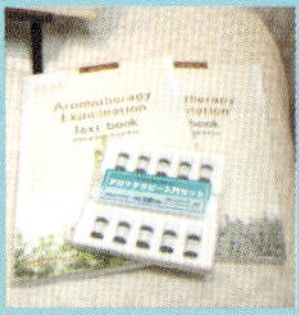

オーナーのこだわり

- …スケルトン賃貸でこだわりの間取り（2つの施術室）を実現。
- …選んで組み合わせる楽しさもある多彩なメニューを用意。
- …インストラクターとして、開業をめざす人に教えることも大事にしている。

(右)施術室は中央に施術用ベッドをおき、脇にイスとカゴ、鏡をセット。棚が全体にアクセントを付けている。
(左上)入り口付近の様子。ハーブティーをはじめ物販も行っている。
(左下)オーナーの斉藤さん。施術を考えた位置に棚なども取り付けられている。

自宅の居間から始まった ゼロからのサロン開業

サンドベージュの壁とさりげなく飾られた緑。natural treatを訪れるだれもが、その明るい空気にホッとする。

オーナー兼セラピスト、インストラクターの斎藤真紀さんの職歴は、アパレルメーカー、CADオペレーター、プログラマーとバラエティ豊かだが、やはり、好きだったのは人と接する仕事。

「今の仕事は、お客さまと話すことで自分自身も外に向けていろいろ発散できるところが好きです」

開業の第一歩は1999年、川越市の自宅の居間を開放した「週末サロン」。離婚後、当時4歳だった娘をかかえ、ゼロからたった1人のスタートだった。

生活のため昼間はパートで働き、サロンは平日午後7時からと、週末の全日、足裏リフレのみ。同年12月に西葛西に引っ越し、ワンルームにサロン専用スペースをかまえる。人が多いところでやりたい、という意向を満たすにぎやかさが気に入り、以後この街に腰を据えた。

タウン誌の広告とホームページでPRし、育児との両輪で細々と営業を続けるが、サロンの記事が雑誌に掲載されたことを機に上向く。2001年に1LDKのマンションに移転し、同時にリンパドレナージュ、その1年後にはフーレセラピーも始めた。

2004年に再度移転し、現在のサロンは駅から徒歩1分の至便の立地。スケルトン・インフィル物件(58ページ参照)だったため、入居時に自由な間取りができた室内は、2つある施術室の天井にそれぞれスピーカー、ベッド下の床にコンセントの差込口がついている。

そんな、natural treatの最大の特徴の1つは自他共に認める施術メニューの豊富さである。

フーレセラピー、リフレ、リンパ

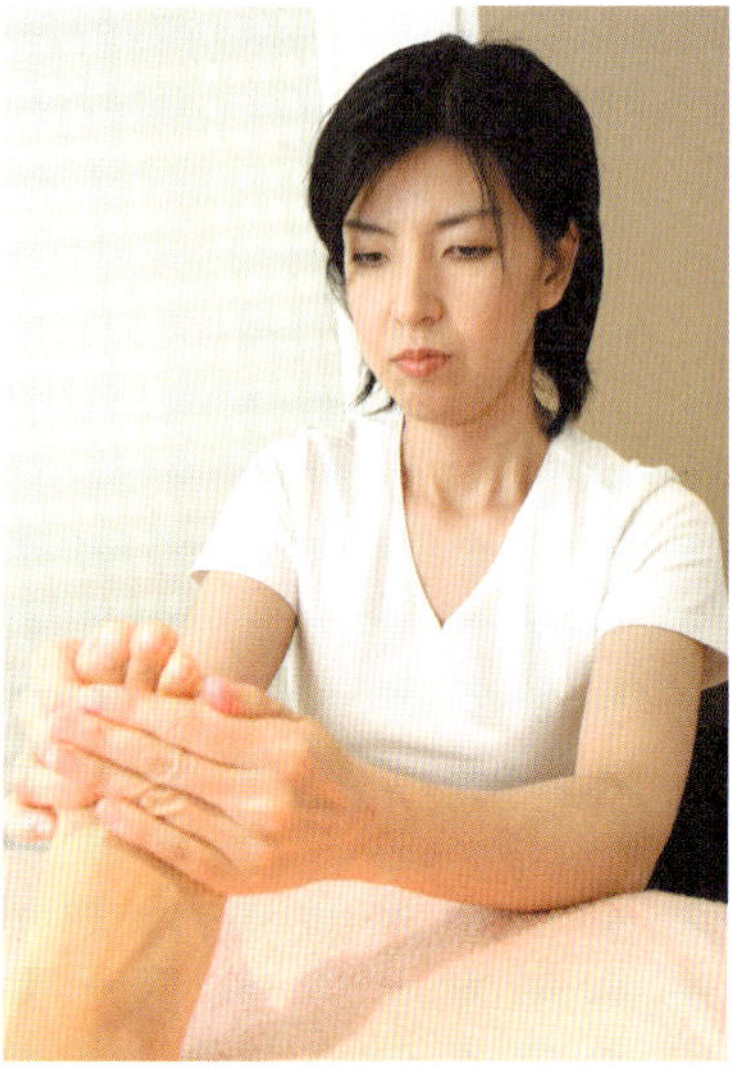

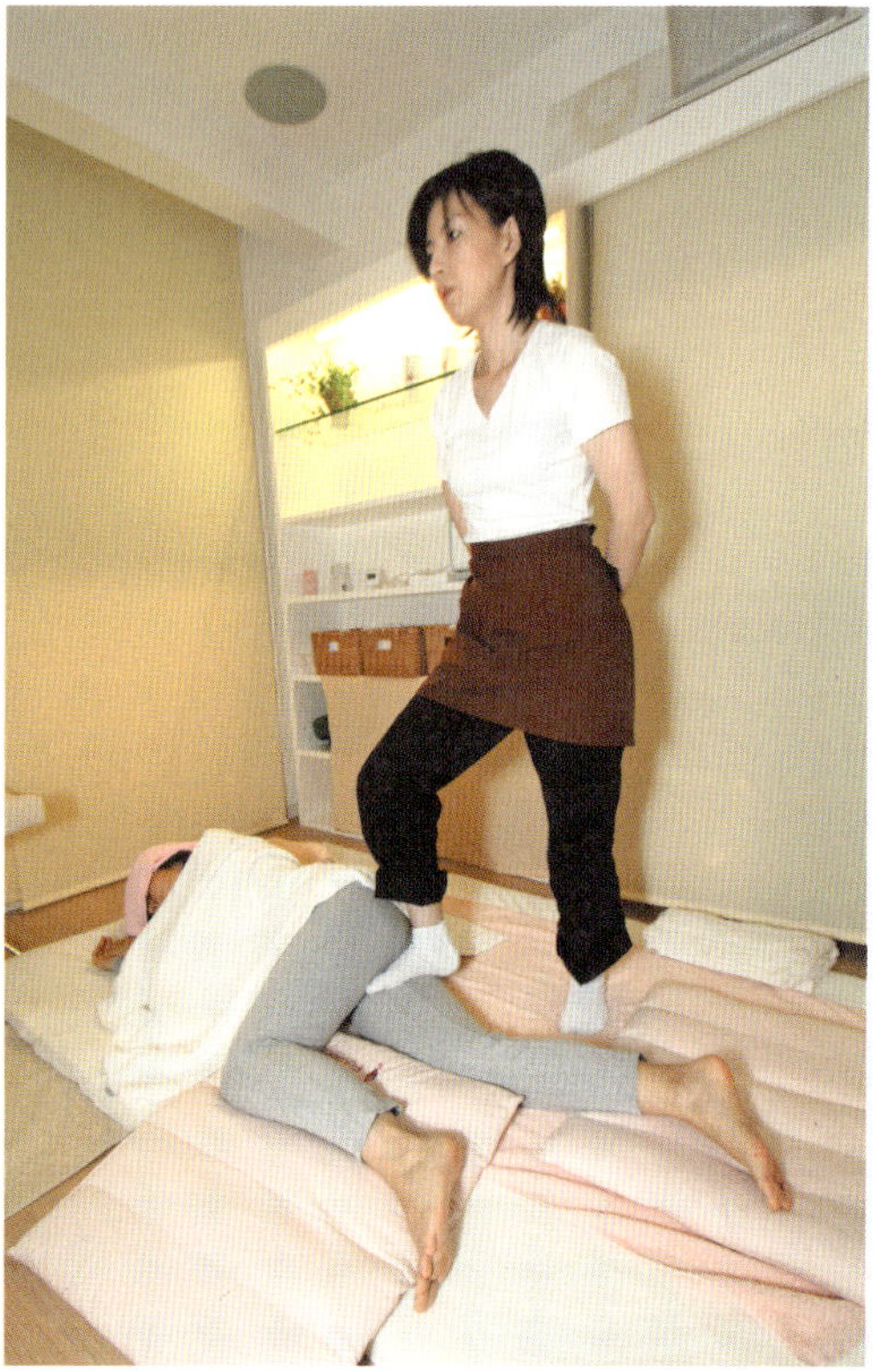

(右)人気のフーレセラピー。「一度試して、こればかりになるお客さまも」と斎藤さん。
(左上)ほとんどの人が心地よさに眠ってしまうというリフレクソロジー。
(左下)カナダ発のセンセーション・カラーセラピー。10色のボトルから6色を選び、その人のパーソナリティや現在を読み解く。

豊富な施術メニューをそろえ、あらゆるリクエストに応える

ドレナージュ、フェイシャル、カラーセラピーとそれぞれ部位や時間で細かくコース設定され、「自由に選んで組み合わせできるのが楽しい」という声が多い。ホームページをよく見て組み合わせまで決めてくる人が多く、施術前の説明に時間がかからずに済むという。

顧客は仕事帰りのワーキングウーマン、乳幼児がいるくらいの若い主婦が中心となっている。

開業後の経営・維持にはポジティブ思考が肝心

もう1つの特徴は、ホームページの充実度である。便利なのは、リアルタイムで予約状況が確認できること。予約については、サロンとしてはめずらしく、電話受付担当も1人置き、連絡がつきにくいといったストレスを軽減している。

そのほか、ホームページでは、通信販売、セミナーの告知、同業者向けの求人情報の提供など、同規模の

お店づくりのワザを学べ！

どうしてこんなにメニューを用意したの？

natural treatの施術メニューの豊富さは自他共に認めるところ。フーレセラピー・リフレクソロジー・ハンドリフレ・リンパドレナージュ・フェイシャル・カラーセラピーと施術自体も多種だが、それに加えて、どの施術も時間や部位、またオプション的な足浴をつけるなど、多数のコースを用意している。

しかも好みで複数の施術をまたいで組み合わせることができ、そのチョイスをどうするかが施術を受ける側の楽しみになっている。リピーター獲得に一役買っていることは間違いない。

メニューが多すぎて戸惑う人はいないの？

メニューは、その詳細まですべてホームページ上で確認できるようになっている。

ほとんどの顧客は、来店前に自分の施術内容をくわしくチェックして来るため、混乱がおきるようなことはない。

反対に実際に来店したとき、簡単な説明で済むため、すぐに施術に取りかかることができる。結果として、効率的な運営ができるというメリットも生まれる。

おもなメニューは？

〔肩こり解消コース〕
・クイック　20分／2,000円
・肩　50分／5,400円～

〔足むくみ解消コース〕
・トライアル足　30分／2,900円（2回目以降3,300円）
・リフレ　60分／5,500円～
・リンパドレナージュ　50分／6,000円～
・フミフミ（フーレセラピー）　45分／5,500円～
・足リラックスコース　70分／8,000円

〔全身コース〕
・全身　70分／7,000円～
・全身フミフミ　105分／11,500円～

〔フェイシャルコース〕
・フェイシャル　40分／4,000円～

〔カラーセラピーコース〕
・カラーセラピー　50分／4,800円

開業時資金の内訳は？

※現在の店舗に移転した際の内訳

物件取得費	1,000,000円
内装工事費	3,000,000円
内装デザイン費	700,000円
什器・備品費　360,000円　※移転前の開業時に、ベッド代などで、このほか200,000円かけている	
合計	5,060,000円

（内自己資金3,060,000円）

HISTORY
サロンオープンまでの歩み

1999年5月
アロマテラピーとリフレクソロジー施術者の資格取得。

1999年7月
川越市の自宅を開放し、サロン『フォレスト』開業。

1999年12月
西葛西に転居し、自宅とサロンを分ける。ショップ名を『natural treat』に変更。

2001年2月
同じ西葛西エリアで1LDKのマンションに移転。

2004年12月
現在の店舗に移転。

i l l u s t r a t e d

【図解でわかる人気のヒミツ】

S.I物件とは、梁や柱、壁など建物を構成する骨組みである「スケルトン」と、内外装や間取りなどの「インフィル」を分けて設計した物件のこと。そのため、リフォームの制約が少なく、理想形を追求できた。

施術室

2部屋ある施術室は基本的に同じ家具レイアウト。

事務室

事務机やパソコンのほか、シンクや洗濯機、ステレオまで、サロンを支える裏方たちがつめこまれている。

ロビー

壁にそってソファと丸テーブル2セットを用意した。

スクール室

講義用の机と実技用のベッドを置いている。

POINT

部屋を移動するとき、ほかの部屋を通らずに済む、振り分け間取りにし、使い勝手をアップさせた。

S.I物件だから実現した使い勝手のよい理想の間取り

サロンとしては例をみない、充実したサービスを行っている。

しかし、何より大切なのが、施術の満足度であることは言うまでもない。斎藤さんは、施術の腕もさることながら、「聞き上手」であることがセラピストの大切な資質であるという。逆に、話すほうは苦手でも大丈夫というのが斎藤さんの持論だ。

「サロンには軽いうつ状態のお客さまもよく来られます。そんなとき、話はよくお聞きしても無理に何かしてあげようと思わないで。セラピストは医師ではないのですから」

たった1人の開業から7年、今は3人の外部スタッフをかかえるまでに着実に成功を収めてきた。生活を支え、子育てしながらのサロン経営には一言で言えない苦労があったはずにちがいない。

しかし彼女の笑顔はそんな気負いをみじんも感じさせない。そんな優しさこそが、真に人を癒すのかもしれない。

t h e s h o p

natural treat の注目ポイント

ベッドの横にあるヘアメイク&脱衣スペース。女性専用サロンであるが、カーテンで目隠しできる気遣いがなされている。

カラーセラピー用のボトルやグリーンが並ぶ棚。インテリアとしてもアクセントになっている。

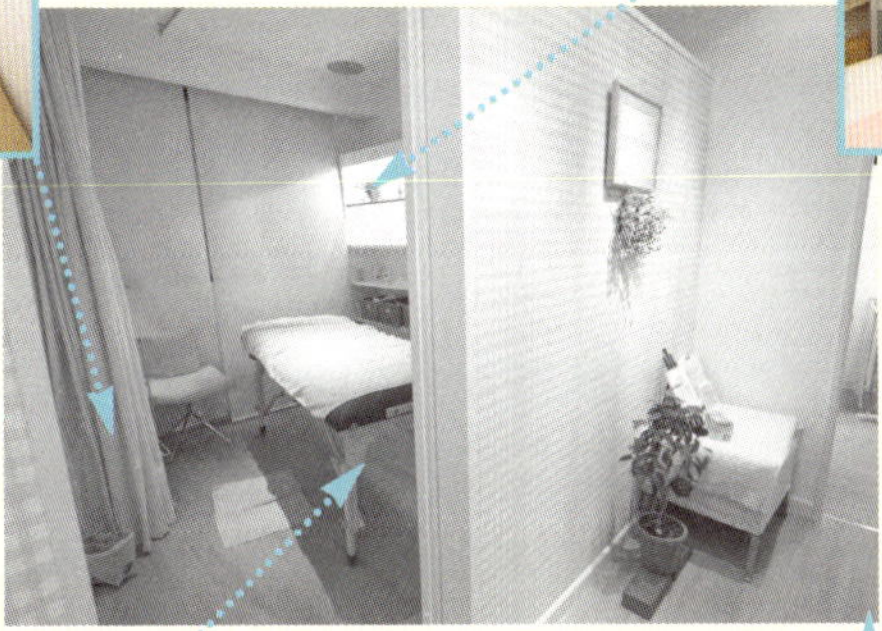

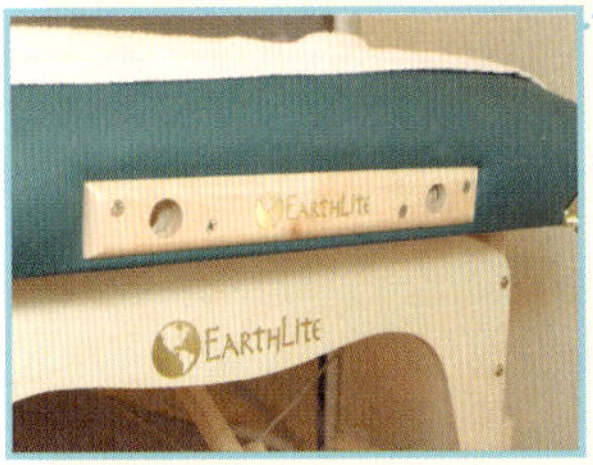

フーレセラピーを行うときのために、施術用ベッドは折り畳み可能なものを使用。

フローリングの床にソファと丸テーブル。ロビーはシンプルで明るい。

s h o p d a t a

natural treat
住所／東京都江戸川区西葛西3-15-8　4F
TEL／03-5674-5066
営業時間／平日 10:00～21:00（受付は19:00まで）、土曜10:00～18:00（受付は16:00まで）
定休日／日曜・祝日
URL／http://www.natural-treat.com/

natural treat オーナーからのメッセージ

ネガティブな気分のときも落ち込みすぎないで、ふだんなかなかできない「種まき」をしましょう。そのうちきっといろいろなことがよくなってきます。

「暇なときこそ、ふだんできないことをするチャンスです。DMをつくったり、メールを出したり、できることからはじめましょう」

ショッピングセンターの一角で独自のサービスを展開

ショッピングビルの一角にある
カフェのようにオシャレなサロン。
買い物帰りにふらりと立ち寄る
主婦やOLが後を絶たない。
オフホワイトを基調にした
清潔感あふれる空間で、
独自のハンドテクニックと
サービスを展開する。

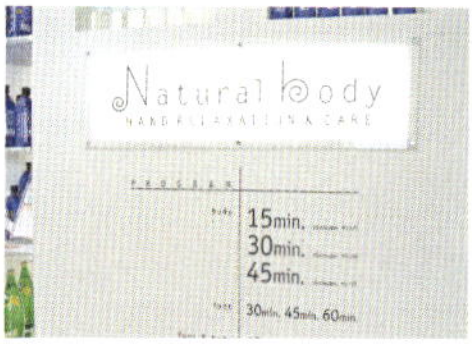

Natural body 宇都宮店

栃木県宇都宮市

空間を生かした店内は、無駄な飾りつけが一切なく、シンプルな雰囲気。外壁には、販売用のオリジナルのミネラルウォーター（1本158円、252円の2種類）を並べ、インテリアの一部のように美しくコーディネート。

オーナーのこだわり

…クリーンな空間を演出するために華美な装飾は避け、店内は白で統一した。

…ヒーリング音楽やアロマの香りで、心身ともにリラックスできる空間とした。

…サロン独自で研究した、質の高い技術や理論をしっかり学んだセラピストが施術を手がける。

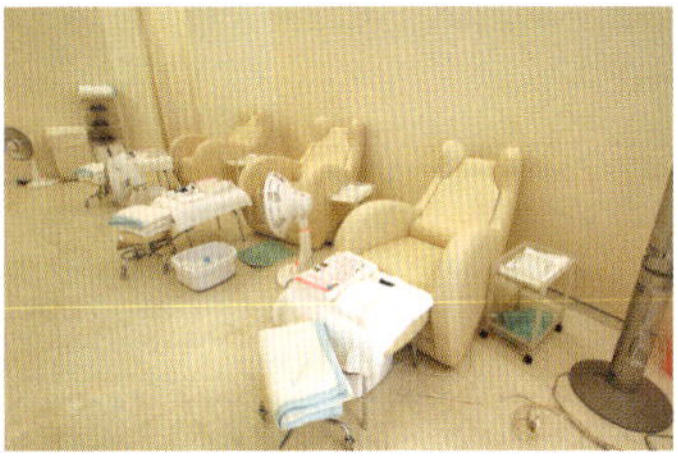

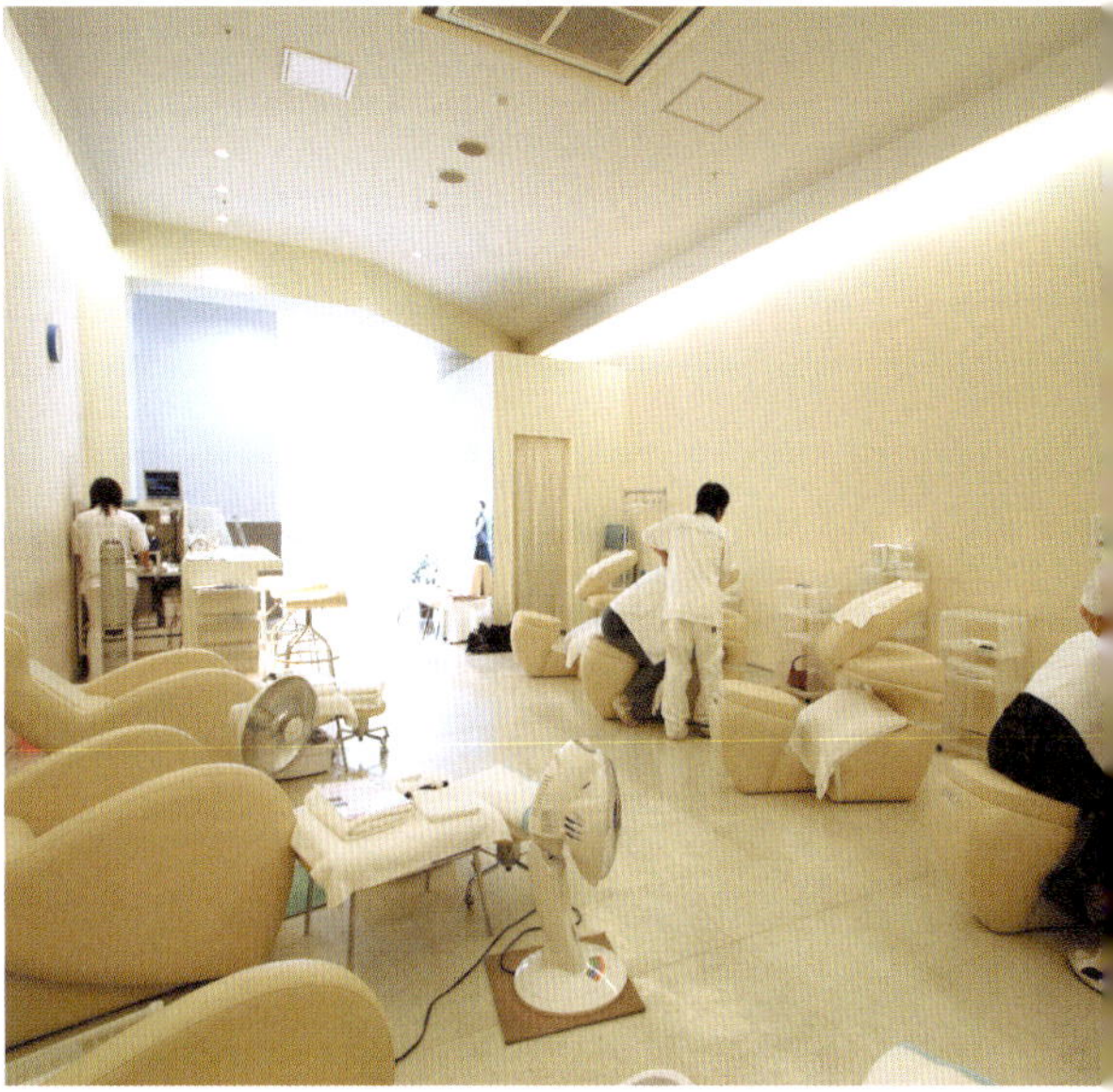

（右）コースは、「ボディコース」（30分3,150円〜）と「フットコース」（30分3,780円〜）の2つ。／（左上）最初に担当スタッフが、体の状態や要望をヒアリング。／（左下）空調設備はビルで管理しているため、ハロゲンヒーターを上手に配置している。

FC開業者として心がけたいこと

休日は、5000台を収容する駐車場がほとんど埋まってしまうほど、集客力の高い大型ショッピングモール。その1階エントランス脇に位置するNatural body 宇都宮店は、全国に80店舗展開する人気サロンのFCチェーンだ。

店内入り口にはドアや壁など、視界をさえぎるものを設けていない。外側から全体を見渡せるため、買い物途中にふらりと立ち寄るファミリーや主婦も多いようだ。

約17坪の店内にはボディ用の施術ベッド5台、フット用ベッド3台、入り口手前に受付カウンターを設置。また、白を基調にした空間に観葉植物などを置き、シンプルながらも殺伐とした雰囲気にならないよう心がけている。

メニューは、首・肩・背中・腰・腕など上半身のバランスをよくする「ボディコース」と「フットコース」の2種類。30分以上のボディコースのマッサージ前には、冷凍した用具で肩に刺激を与え、血液を促進させる「アイシング」が施される。そして肩先から後頭部、そして肩下へ。疲れやすい肩甲骨周辺は、とくにスローなテンポで丁寧にもみほぐしていく。

FCのメリットの1つは、内装のデザインや備品調達を本部に任せられる点である。

「FCではなかったら、マッサージチェア1つでも探すのに苦労したと思います。すでにサロンのネームバリューがあり、知名度や信用度も高かったので、当初から自然とお客さまが集まってくれました」

とは、この店のFCオーナーを務める平山孝一さん。

FCオーナーは、個人事業と違い、ブランドイメージ、トレードネーム、経営のノウハウなどを用いて、企業の同一のイメージのもとに開業する。

そのため、サロン未経験者や事業

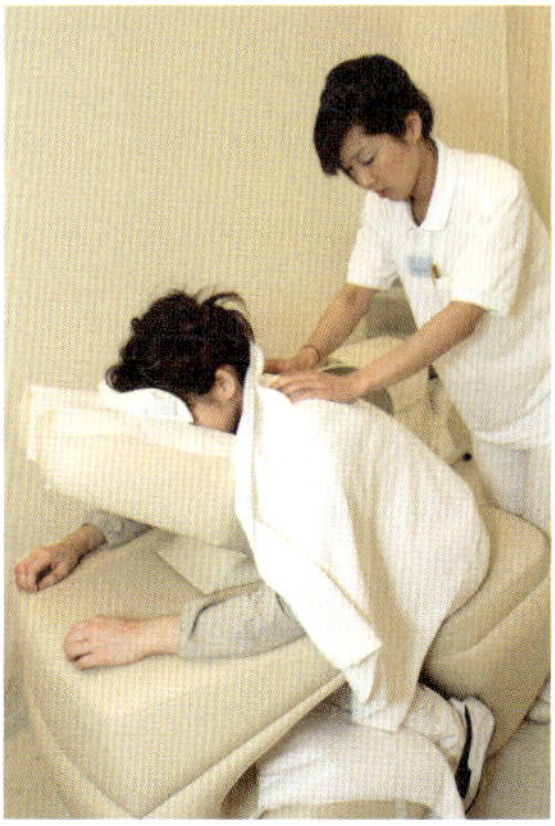

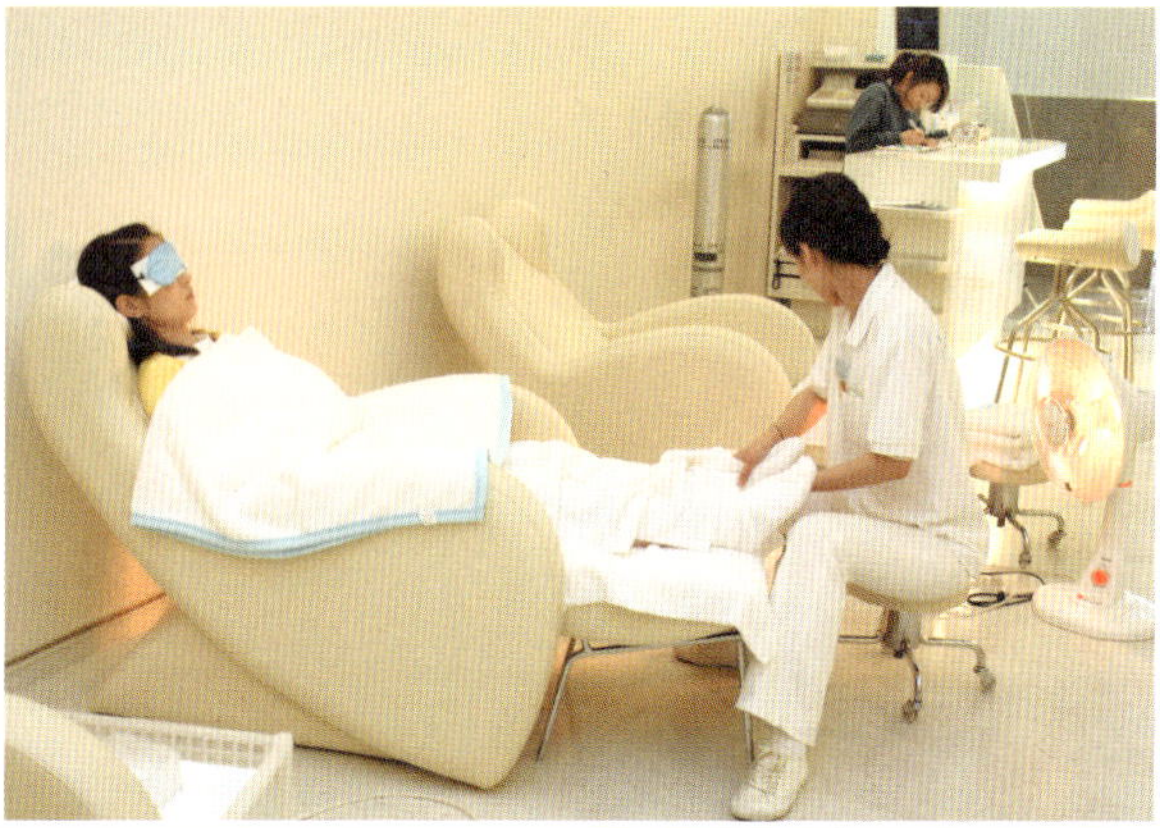

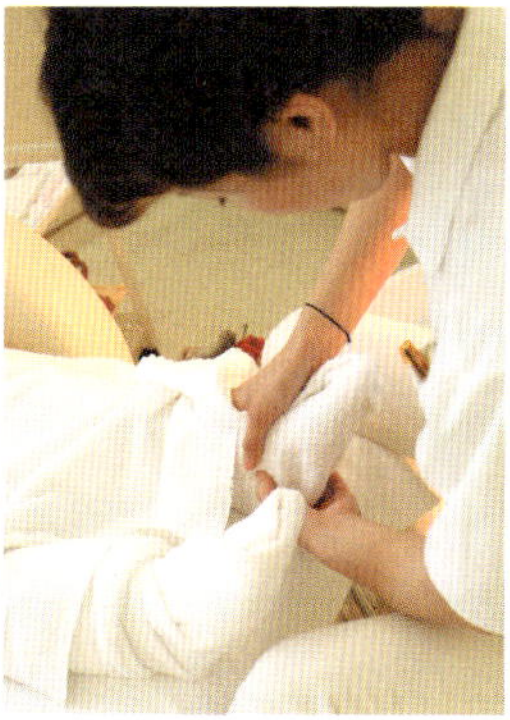

(右上)施術中は、冷えたアイマスクで目をカバー。
(右下)ヒーリング音楽に合わせて、指先まで念入りにトリートメント。
(左上)ボディコースでは、肩先から後頭部、肩下へゆっくりと丁寧にマッサージ。
(左下)フットバスのアロマオイルは、ベルガモット、ラベンダーほか5種類からセレクト。

サロン独自の技術と理論をスタッフ全員で共有

経験のない人でも、本部の指導のもと開業をスムーズに実現することが可能だ。

　しかし、オープン後も独学で勉強して、技術やノウハウをしっかり身につけないと経営を続けることは難しいと平山さんはいう。

「セラピストの仕事にゴールはありません。従業員はもちろん、私自身もまだまだ学ぶことが多いから、本部の講習会への参加は必須です。技術を磨く努力を怠ってしまったら、あっという間にお客さまは減ってしまうと思います」

　平山さんはNatural bodyの元社員としてのキャリアもあり、全国各地のサロンを見ての実感だ。

月1回の講習会にはスタッフ全員が参加

　現在では、リピーターや口コミで着実に顧客が増え、計8台のマッサージチェアに対し、1日に40～50人のお客さまが来ることもある。

お店づくりのワザを学べ！

施術以外のサービスは？

照明のやわらかい店内でマッサージを受けながら、ヒーリング音楽やアロマの香りが楽しめるようにしている。施術後には、ミネラルウォーターをサービスしてリラックスを促す。

顧客データの管理はどのように？

カルテを兼ねたPOSレジ対応のポイントカードで顧客データを管理している。

POSレジに顧客カードを通すだけでチェックできるため、お客さまを待たすことなく、過去の来店状況などをつかむことができる。

インテリアで心がけた点は？

白を基調とした空間に観葉植物などを置き、シンプルながらも殺風景にならないように配慮した。また、マッサージチェアは靴を履いたまま施術を受けられるタイプのものを使用。ファッションビルという立地から、買い物帰りに靴を脱がずに気軽に施術が受けられるように工夫した。

FC店のメリットは？

開業・技術・運営にわたり、さまざまな支援を受けられるのが最大のメリット。たとえば、Natural bodyの場合、FC開業者向けの直営スクール「ボディカレッジ」を設置している。トレーナーとしてのスキルはもちろん、リラックスできる内装づくりのノウハウなど、開業に必要不可欠な知識が修得できる。

おもなメニューは？

〔BODYコース〕
・15分／1,575円、30分／3,150円、45分／4,725円、60分／6,300円
〔FOOTコース〕
・30分／3,780円、45分／5,670円、60分／7,560円
〔NATURAL BODYコース〕
（BODY30分＋FOOT30分）
・60分／6,930円

開業資金の内訳は？

店舗物件取得費	1,500,000円
店舗工事費	5,800,000円
備品、什器費	1,200,000円
開店時費用	
加盟金	2,000,000円
保証金	2,000,000円
予備費	500,000円
運転資金	6,500,000円
その他	500,000円
合計	20,000,000円

HISTORY

サロンオープンまでの歩み

1992年4月
高校卒業後、整体師を目指し、専門学校へ通う。

1994年9月
整体院へ整体師として就職。

1996年12月
知人の紹介で、Natural body の難波シティ店（1号店）に店長として勤務。

2000年
Natural body 大阪本部でSHOP運営部スタッフに。

2001年
Natural body がFC展開を始める。自らもFC開業に興味を持つ。

2003年7月
Natural body のFCチェーンとして宇都宮店を開業。

i l l u s t r a t e d

【図解でわかる人気のヒミツ】

FCチェーン店のNatural bodyは、現在全国に66店舗。大手デパートや大型商業施設・駅ビルなど、数多くの人が集まる場所を中心に出店し、FCの集客ノウハウを生かして新規開業者をバックアップしている。

スタッフ用控え室
急なお客さまにも対応できるように設置。

内装
オフホワイトを基調にした心地よい雰囲気のなか、アロマのほのかな香りがただよう。

更衣室
フットコース希望のお客さまがストッキングなどを脱げるように設置。

エントランス
大型ショッピングセンターの入り口近くにあり、鮮やかなオリジナルカラーでお客さまの目を引いている。

受付カウンター
受付カードに記入してもらうほか、体調などを聞く。リピーター客の来店データはポイントカードに登録。

POINT
エントランスに仕切りなどを設けず、気軽に立ち寄りやすい空間を演出。施術後はミネラルウォーターでもてなす。

大型ショッピングセンター内という人の集まる場所でリピーター客の獲得に努める

「忙しいのは大変ですが、お客さまが満足して帰っていくのを見ると、喜びを感じます」

従業員をしっかり管理し、技術面、サービス面などで、きちんと育成を図るのも、オーナーの役目。

平山さんは、月に1回、東京本部で開催される自由参加の講習会に、店舗スタッフ全員を毎回出席させている。1日に8時間、マッサージのテクニックから理論の講義まで行われ、不得意分野の解消や技術向上につながるという。

さらに大切なのはお客さまの気持ちを読みとることだという。どんな施術を求めているのかを察知し、お客さま1人ひとりに応じた対応が求められる。

「そのお客さまは世間話をしたいのか、それともゆっくり眠りたいのか、雰囲気から感じとって不快にさせないように心がけています。すべてのお客さまにとって心から癒されるサロンでありたいですね」

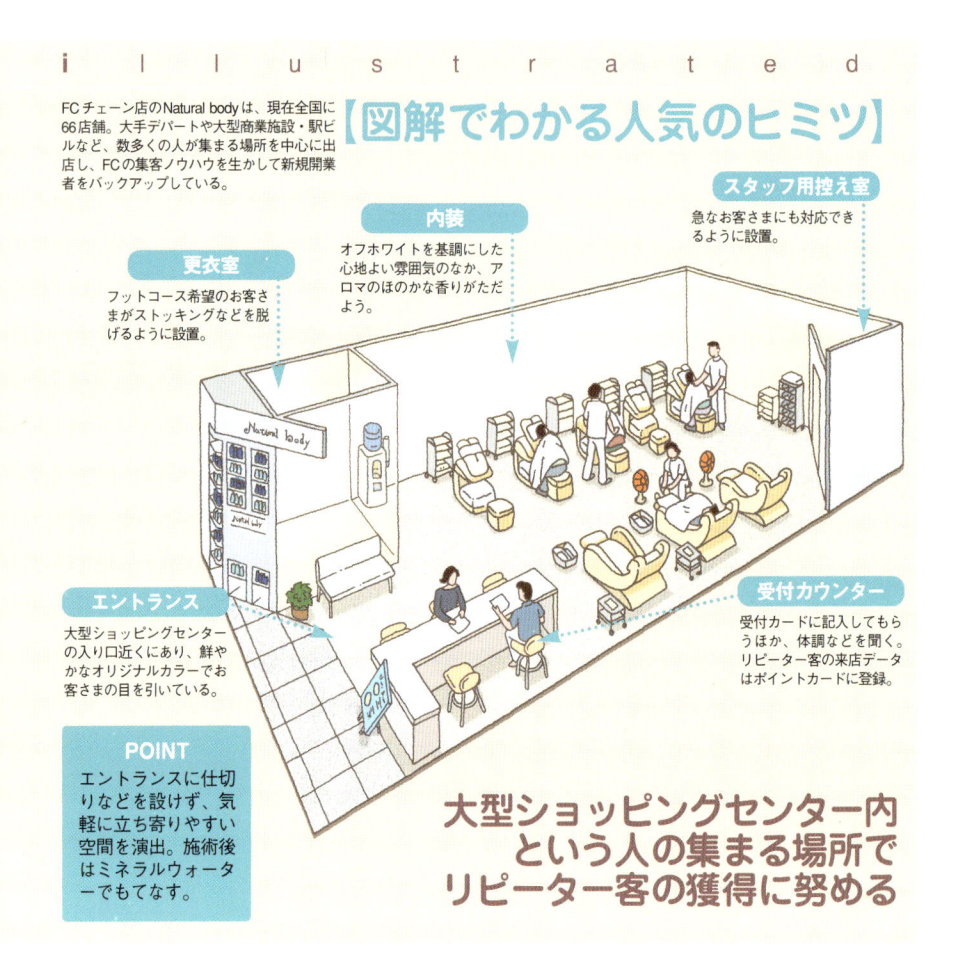

t h e s h o p

Natural body 宇都宮店の注目ポイント

外側から覗くと店内全体が見渡せ、ショッピングのついでに気軽に立ち寄りやすいつくりになっている。

フットコース希望の人には、この更衣室でストッキングなどを脱いでもらったあと、施術に臨んでもらう。

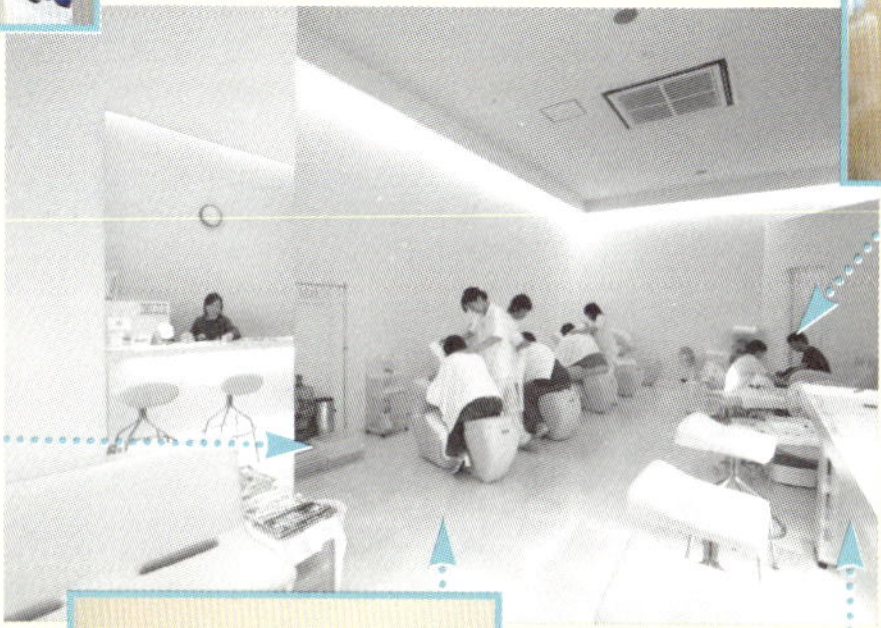

マッサージを受けたあとは、体が温まるため、お客さんが自由に水を飲めるように、テイクフリーのウォーターサーバーを装備。

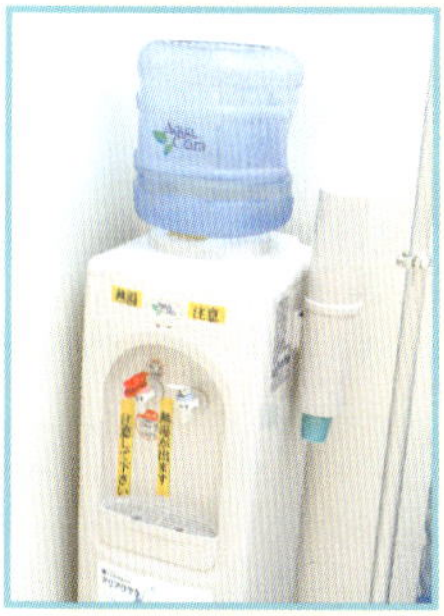

FCならではの確立されたノウハウと行き届いた教育制度で、接客からマッサージにいたるまで、安心した運営が行える。知名度、信用度の点でも有利。

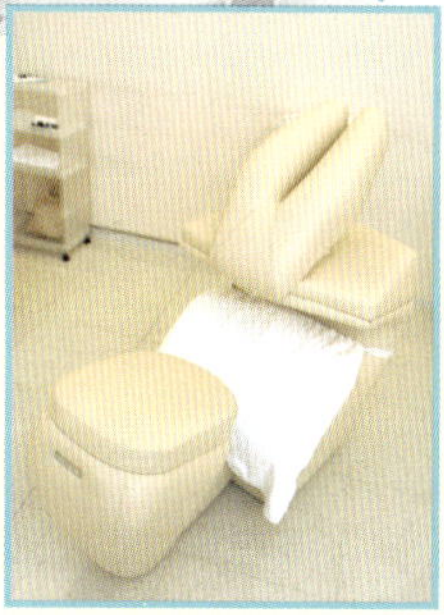

全店共通のオリジナルのマッサージチェアは、直線と曲線がバランスよく施されたデザイン。スタイリッシュながらも温もり感のある形に仕上がっている。

s h o p d a t a

Natural body 宇都宮店
住所／栃木県宇都宮市中島町939 FDKショッピングモール宇都宮インターパーク店1F
TEL／028-657-6316
営業時間／10:00～21:00
(受付はコース終了10分前)
定休日／無休
URL／http://www.natural-body.co.jp/shop/list/kanto/utsunomiya/index.html

Natural body 宇都宮店 オーナーからのメッセージ

独立して店を持つと、自分の店だという実感が生まれます。日々の充実感が今までと違ってきます。

「体力勝負の仕事なので、つらいときもあります。でも、リピーターが増えていくなどお客さまの支持が、何よりやる気を引き出してくれます」

吉祥寺にこだわり
カジュアル&リーズナブルに！

一般的なネイルサロンの
高いイメージを払拭し、
誰でも、気軽に入れるように
店内も価格もカジュアルに。
そして、その温かな接客で、
指先だけではなく
心も満足させてくれる。

Nail Design Salon & College

東京都武蔵野市

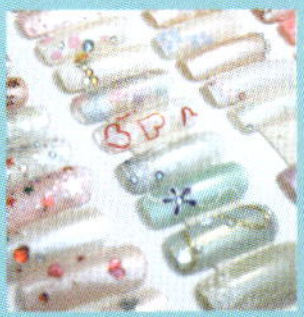

オーナーのこだわり

- …だれでも気軽に来れるよう、値段を安くし、カジュアルな雰囲気を演出。
- …木目調の家具で、温もりと落ち着きを演出。
- …相手が何を求めているのか、つねに気を配る。接客重視。

たくさんのガラス窓で、店内は明るく開放的。白い壁と木目調のイスやテーブルが、清潔感と温もりを感じさせる。敷居の高さはなく、カジュアルで入りやすい雰囲気を演出している。

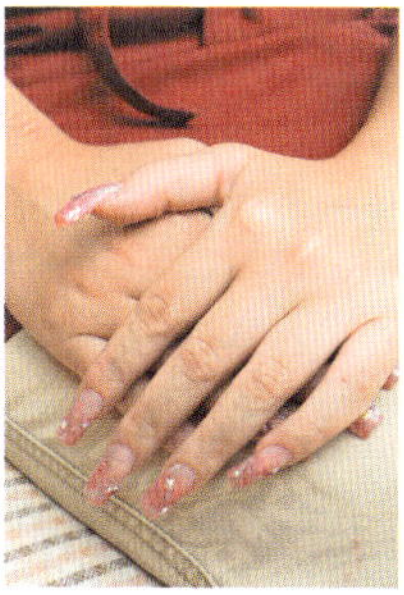

（右）お店ではネイルスクールも開いている。1対1の個人レッスンが基本。／（左上）オーナーの間舩さんの爪。スタッフがつくり出すデザインは無限大。／（左下）マニキュアやローションなど、お店で使用しているものは販売も行っている。

ネイリストになるため まずエステサロンに就職

今や幅広い世代に普及しているネイルアート。だが、「料金が高い」「気軽に入れない」というイメージも少なくない。そんな敷居の高さを感じさせないのが、若者や地元民で賑わう東京・吉祥寺の雑居ビルにあるNail Design Salon & Collegeだ。

エステサロンのように入社後に技術を教える、というシステムがないネイルサロン。そのため、まずはスクールに通い、技術を身につけることが必要となる。

もともとネイルに興味があったというオーナーの間舩さんも、短大卒業後、スクールに通うことを希望した。しかし、授業料の高さに両親が反対し断念。とりあえず同じ美容関係のエステサロンに入社した。

1年半ほどして、授業料を捻出できるようになり、ネイルスクールに通いはじめた。勤務しながら半年ほど通い続け、その後念願だった吉祥寺にあるネイルサロンへ転職した。

当初は独立しようとは思っていなかった間舩さんだが、結婚を期に自分のペースで働きたいと思うようになって、独立を考えはじめる。「まだ2年くらいしかたっていなかったんですけど、お客さんからも励ましの声をいただいて」

場所は勝手のわかっている地元の吉祥寺を希望。だが女性でしかも25歳という若さから、百貨店やファッションビルのテナントからはほとんど相手にしてもらえなかった。現在多くなっているマンションでの開業は、不特定多数の人がやってくることを嫌う大家が多く、吉祥寺では見つからなかった。物件より場所にこだわりたかったので、条件をゆるやかにして探しはじめた。それからすぐに、現在の物件に出会った。

「高い」イメージを払拭し 誰でも気軽に来れるお店づくり

「カジュアルで気軽に入れるサロ

(右上) スカルプチュアと呼ばれる人口爪に立体的なデザインの3Dアートを施す。／ (右下) 肌がすべすべになるマッサージも人気。／ (左上) フットメニューにも当然、ネイルの手入れとマッサージが。／ (左下) ネイルアートだけでなく、ローションマッサージも行っている。

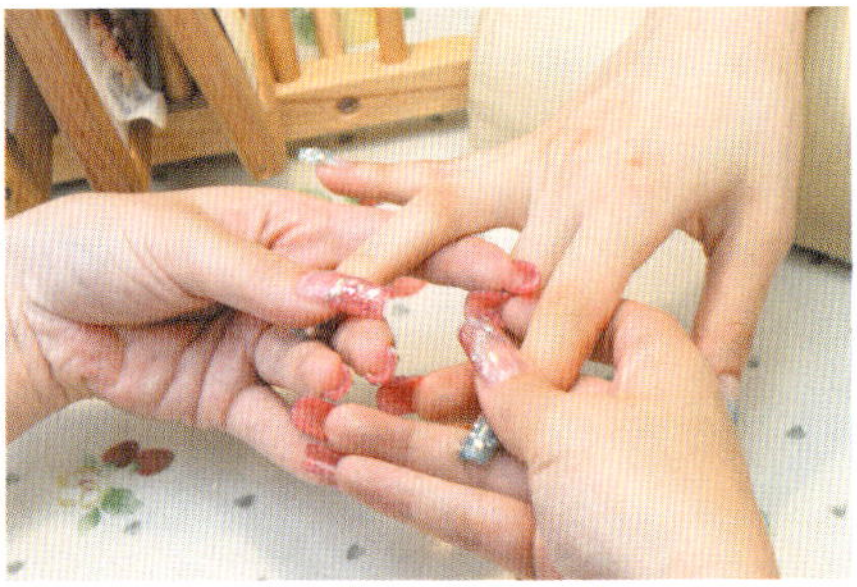

疲れやストレスを癒され、美しくなるメニューを用意

ン」をコンセプトにお店づくりを開始。内装工事は知り合いの業者に頼んだ。といっても、大掛かりなものはフローリング工事と入り口扉の作成のみ。壁は白い壁紙をそのまま生かし、一部に花柄のクロスを自分で貼っていった。

イスやテーブルは、値段の張るネイル専用のものはやめて、安くて使いやすいものをインテリアショップなどで購入。温もりある木製のもので統一することにより、くつろぎとカジュアルな雰囲気を演出した。

材料の仕入れは展示会や電話帳などで調べ、こちらの希望をきいてくれる業者を選んだ。

メニューはハンド、フットに、要望の多いまつげパーマや「落ちないマスカラ」も追加した。料金は周辺の相場をチェックし、高くならないのはもちろん、低くしすぎて、安っぽくならないように注意を払いながら設定した。

当初は1人でやっていこうと思

お店づくりのワザを学べ！

値段の決め方は？

もともと手頃な値段設定にしようと考えていたが、安くしすぎてチープな印象を与えることだけは避けたかった。

そこで、周辺のネイルサロンへ行ってそれぞれの値段を調査。相場よりやや安めに設定した。

オープン前の客集めは？

以前勤めていたネイルサロンも同じ吉祥寺にあったので、独立にあたっての仁義として、なじみのお客さまには一切告知しなかった。

そのため、地元紙の折り込み広告やチラシ、ホームページをつくったり、また、女性誌に「新規オープンのお店」としてハガキを送り、取り上げてもらったりした。

できる限りの宣伝活動をしたおかげで、オープン当初から1人ではさばききれない人数が来てくれた。

スタッフの教育は？

採用基準は、スクールに通って技術を習得していることが基本。接客に関するマニュアルはとくにないが、採用時にオーナーが、お店に合った接客、つまり、人当たりのよさやお客さまに対しての心配りができるかどうかなどを判断する。

採用の時点である程度厳選しているので、入社後の細かい指導はあまりなく、先輩スタッフの様子を見て学ぶというスタイルをとっている。

おもなメニューは？

〔ハンド〕

・スピードネイル　40分／3,150円
・ベーシックネイル　60分／4,725円
・UVトップコート　315円
・ファイリング　840円　・バッフィング　525円
・キューティクルケア　1,260円
・マッサージ　1,050円　・カラーリング　1,260円
・ピーリング＆パック　3,150円
・3Dアートの取り外し　1本／105円

※このほか〔フット〕〔人工爪〕〔落ちないマスカラ〕〔ジェルネイル〕〔まつげパーマ〕のカテゴリーで各メニューがあるほか、スクールも開講。

開業資金の内訳は？

店舗取得費	2,000,000円
内装工事費	300,000円
インテリア費	500,000円
仕入れ費	700,000円
宣伝・広告費	200,000円
運転資金・そのほか	2,300,000円
合計	6,000,000円

資格は必ずしも必要ではないが、ほとんどのネイルサロンで働く際に資格の有無を問われるのが現状。

HISTORY サロンオープンまでの歩み

1996年4月
短大卒業、エステ会社に就職。

1998年春
勤務しながらネイルスクールに通う。

1998年秋
ネイルサロンへ転職。

2000年
結婚と仕事への手ごたえから独立を考えはじめる。

2001年初め
物件探しなど、具体的に動きはじめる。

2001年4月
「Nail Design Salon&College」を開業。

i l l u s t r a t e d

【図解でわかる人気のヒミツ】

広いフロアを2つに仕切って店舗とスクールを同居させた。家具とインテリアを木目調でそろえ、白地の内装に暖色系でアクセントをつけることで、温かい雰囲気を出している。

間仕切
パーティションを使い、コストと手間を削減。

物置きスペース
荷物などはパーティションで区切ったスペースにまとめた。

客席
スタッフの人数と店舗のスペースを考え、3席ずつにした。

入り口扉
木を使って、温もりとカジュアルさを演出。

POINT
店舗とスクールをパーティションで仕切って、店内を上手に分割。客席はゆったりとしたスペースを確保できた。

空間をたっぷり使いながらくつろげる店舗とスクールの席数も確保した

い、スタッフは雇わなかった。だがいざはじめてみると、予約の時間が重なったり、施術中の電話などで対応しきれなくなり、2カ月目に1人増員。客数をこなせるようになって売り上げも伸びていき、1年後には2号店をオープンさせるまでになった。

「一番気をつけているのは、接客です」という間舩さん。最初に勤めたネイルサロンでは、「会話が楽しい」とか「あなたに会いに来た」など、技術以上に会話や触れ合いを求めているお客さまが多いと実感。そのため、今のお店でスタッフを採用する際は、接客ができるかどうかをポイントに判断している。

長くて4時間もかかることがあるというネイルアート。「だからこそ接客が大切」という。

「マニュアルは別にありません。技術もそうですが、心のこもった接客ができるかどうか、それが大切です」と、楽しそうに間舩さんは言った。

t h e s h o p

Nail Design Salon & College の注目ポイント

もっとも目につきやすい客席の目の前の壁に、マニキュアとエクステンション（付け爪）のサンプルを並べた。

店内を木製で統一することから、コルクボードに。カジュアルな雰囲気の演出に役立っている。

ネイル専用のテーブルは価格が高いため、ちょうどいい高さのテーブルを購入。ガラス板やテーブルライトなどを取り付けて、施術に支障がないよう工夫した。

窓際に並ぶフットメニュー用のソファ。籐でできた大きめのサイズで、施術中でもゆったりとくつろぐことができる。

s h o p d a t a

Nail Design Salon&College

住所／東京都武蔵野市吉祥寺南町1-8-11弥生ビル3F
TEL／0422-41-5304
営業時間／11:00～21:00（最終受付20:00）
定休日／不定休
URL/http://www.nail-d.com/

Nail Design Salon & College オーナーからのメッセージ

技術というのは、時間をかければある程度まで上達します。何より大切なのは、お客さまに心地よい時間を過ごしてもらえるような心配りなんです。

「デザインを褒めてもらうのはもちろんですが、『あなたと話していると楽しい』なんて言われると、すごくうれしくなるんです」

友達の部屋を訪れたように リラックスできる空間

あえて郊外を舞台に選んだ
「歩いて帰れるリフレサロン」は、
地元在住のＯＬを中心に大人気。
友達の部屋に立ち寄るように、
あたたかくさりげなく迎えてくれる。
ソフト＆シンプルな空間が、
仕事帰りの疲れた体プラス心を
やさしい刺激とともに癒す。

Relax Plus

東京都世田谷区

入り口の階段を上って扉を開ければ、柔らかなベージュを基調としたリラックス空間が広がる。仕事帰りにふらりと立ち寄りたくなる「友達の部屋」のイメージだ。

オーナーのこだわり

…お客さまが施術のあとに電車に乗らずに済むよう、都心でなく郊外の住宅地にて開業。

…男性の施術に抵抗を感じるお客さまがいることを、つねに頭に入れ、スタッフは女性を多めに。

…リフレだけでなく、中国式足ツボやアロマテラピーなど、スタッフの持つ技術を駆使した複合サービスを。

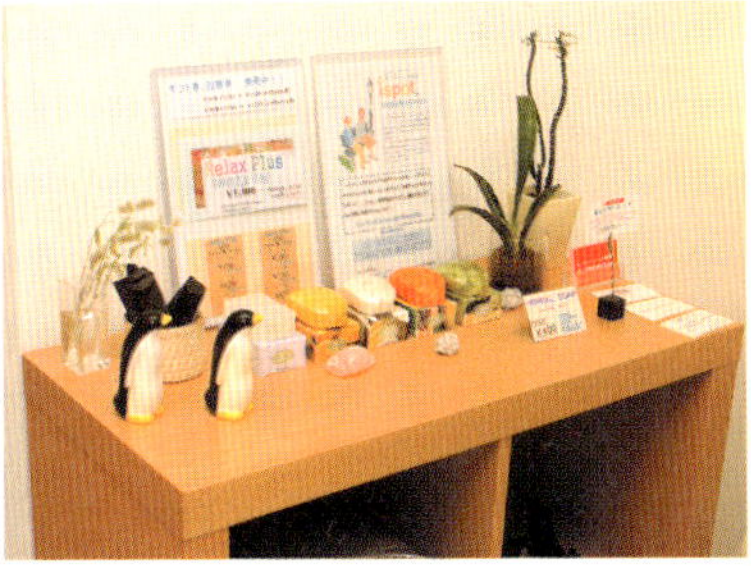

(右)写真奥が施術用のイス、手前がボディ・リフレ用のイス。一脚の価格は約6万円。／(左)棚の上にはかわいらしくディスプレイされた色とりどりのアロマソープ。

最寄り駅を降りて寄れる うれしいリフレサロン

千歳烏山駅から徒歩2分のRelax Plusは、訪れる人に心と体の両方のリラックス時間を提供する小ぢんまりとしたリフレサロン。オーナー兼リフレクソロジストの赤尾聡信さんは、大手百貨店のインテリアデザイナーという職歴をもつ。

「当時は現場監督も兼任し、仕事は毎日ハード。休養のためクイックマッサージに通い、この仕事なら独立できるのではと思いはじめて」

会社を辞め、リフレクソロジースクールの3カ月コースを受講。その後スクール主催の実践トレーニングを経てサロンに入り、1年半の「修業」を積んだ。そして2004年4月、満を持して独立を果たした。

物件探しはサロン勤務中からコツコツはじめ、30軒ほど当たったすべてを直接見て検討したという。

街の雰囲気や人の流れ、活気の有無も実際に歩いて確かめ、最寄り駅の乗降者数などもインターネットで調査。現在のサロンがある千歳烏山は、2階でもビジネスが成り立つロケーションだ。

なぜ都心でなく郊外？　の質問に郊外なら少ない資金で開業でき、都心の最新情報やセンスを時間差で取り入れられるとのこと。加えて、この街に住むお客さまからは「施術後にまた電車に乗らずに済んでありがたいと喜ばれています」と、堅実かつ理にかなった答えが。鋭いビジネス感覚が窺える。

癒し空間を支える 凛とした経営感覚

扉を開ければ、そこはおしゃれながらも気のおけない雰囲気。赤尾さんによると「友達の部屋」を意識したとのこと。受付カウンターはなく、応対は入ってすぐのテーブルとソファで行っている。

空間の基調色は淡いベージュ、ひざ掛けなどに濃い茶色、ほかの色は

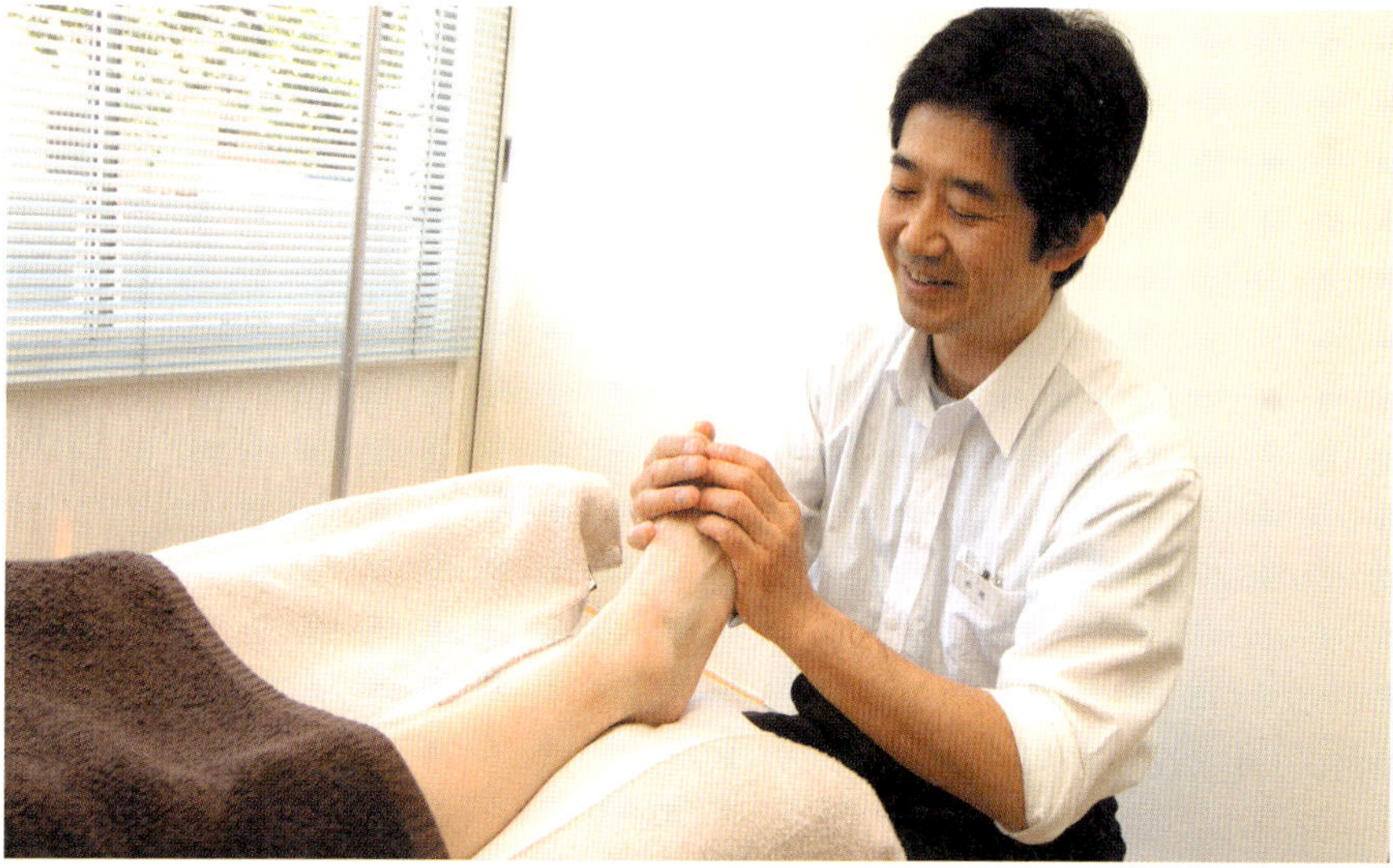

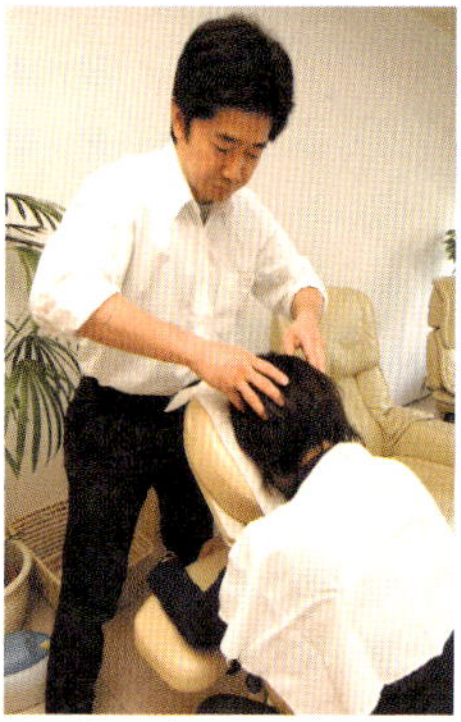

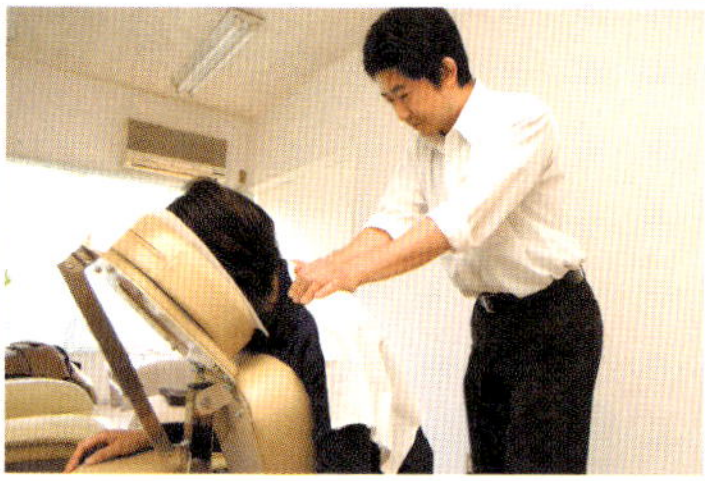

(上)個人に合わせたもっとも気持ちのいい刺激で癒してくれる英国式リフレクソロジー。日夜研究を続けるのが大事、と赤尾さん。
(下右・左)足裏以外に、頭や肩を直接刺激する「ボディ・リフレ」も人気。

雨の日は全コース20%OFFなど ユニークなサービスも実施

壁にかけた絵だけという元インテリアデザイナーのセンスを生かしたミニマムな色構成だ。音楽はヒーリング系だけでなくボサノバやAOR、ときに沖縄音楽も流す。アロマポットの香りもあくまでさりげない程度。

お客さまの中心層は仕事帰りの20~30代OLだが、最近は近所に住む主婦も増えた。赤尾さんを含め5~6名のスタッフが入れ替わりで施術する。それぞれがリフレ以外に中国式足ツボやアロマテラピーなどの技術をもっていて、さまざまなリクエストに対応できるようにしている。今後はオーラソーマなど、より複合的なサービスを提供していく予定だ。

スタッフがほとんど女性なのは「サロン勤務時代から、男性の施術に抵抗を感じるお客さまがいることを実感として知っている」から。男性セラピストならではの気配りだろう。

お店づくりのワザを学べ

レイアウトのポイントは？

「友達の部屋に遊びにきた」というイメージを大切にするため、あえて受付をつくらず、入り口と応対コーナーを直結させた。

内装はカフェやホテルを参考にし、サロンふうになりすぎないように注意を払った。

経費を下げるための工夫は？

物件取得時にすでに壁紙は貼り替えてあったため、それ以外の部分は自分でペンキを塗るなど、ほとんどDIYで済ませ、友達にも応援を頼んで手弁当で手伝ってもらった、と赤尾さん。

カーペットはホームセンターで購入し、照明と応接テーブルは自前のものをそのまま使っている。

音楽は固定費がかかる有線を使わず、自ら選んだCDを5連奏チェンジャーでMDに録音しサロンに流している。CDはレンタルを利用することも。

メニューで工夫したことは？

英国式リフレクソロジーのほかに、頭や首、肩、背中、腕といった足裏以外の部分を着衣のままで刺激する「ボディ・リフレ」もメニューに取り入れている。

気軽にできて人気のあるこのボディ・リフレで最初にリラックスしてもらい、そのあとで足裏リフレに移行するセットメニューも用意。

おもなメニューは？

〔ボディ・リフレ〕

・頭と首のリフレ　15分／1,500円
・肩と背中のリフレ　15分／1,500円
・手から腕のリフレ　15分／1,500円
・アメジストコース（前記3つのセット）
　45分／4,500円
・クリスタルコース（アメジスト＋腰）
　60分／5,500円
・腰のリフレ（オプション）15分／1,500円

〔英国式リフレクソロジー〕

・プチリフレ　25分／2,500円
・オイルリフレ　25分／3,000円
・フルリフレ　50分／5,000円
・プチリフレ・ダブル　50分／5,000円
・プチリフレ＋オイルリフレ　50分／5,500円
・そのほかにも複合メニューを設定

〔酸素コース〕

・10分／1,000円、20分／1,500円

開業資金の内訳は？

店舗物件取得費	800,000円
店舗内外装工事費	500,000円
主な備品／什器費	500,000円
そのほか開店費用	700,000円
予備費	500,000円
合計	3,000,000円

（内自己資金1,000,000円）

HISTORY　サロンオープンまでの歩み

2002年8月
大手百貨店を退職し、リフレクソロジースクールで学ぶ。12月から実際のサロンでリフレクソロジストとして働き始める。

2003年11月
サロンで働きながら店舗用物件探し開始。

2004年1月29日
現在の店舗に物件を決定。開店準備として施術用イスなどの手配を始める。

2004年3月末
サロンを退職し、本格的に開店準備を開始。内装工事は約20日間かけた。

2004年4月11日
「Relax Plus」を開業。

illustrated

【図解でわかる人気のヒミツ】

内装のペンキ塗りはDIY。テーブルや照明は赤尾さんの私物を持ち込み、カーペットはホームセンターで購入とローコストでセンスある空間に仕上げている。

施術スペース

施術用のイスはリフレ用2脚＋ボディ・リフレ用1脚。

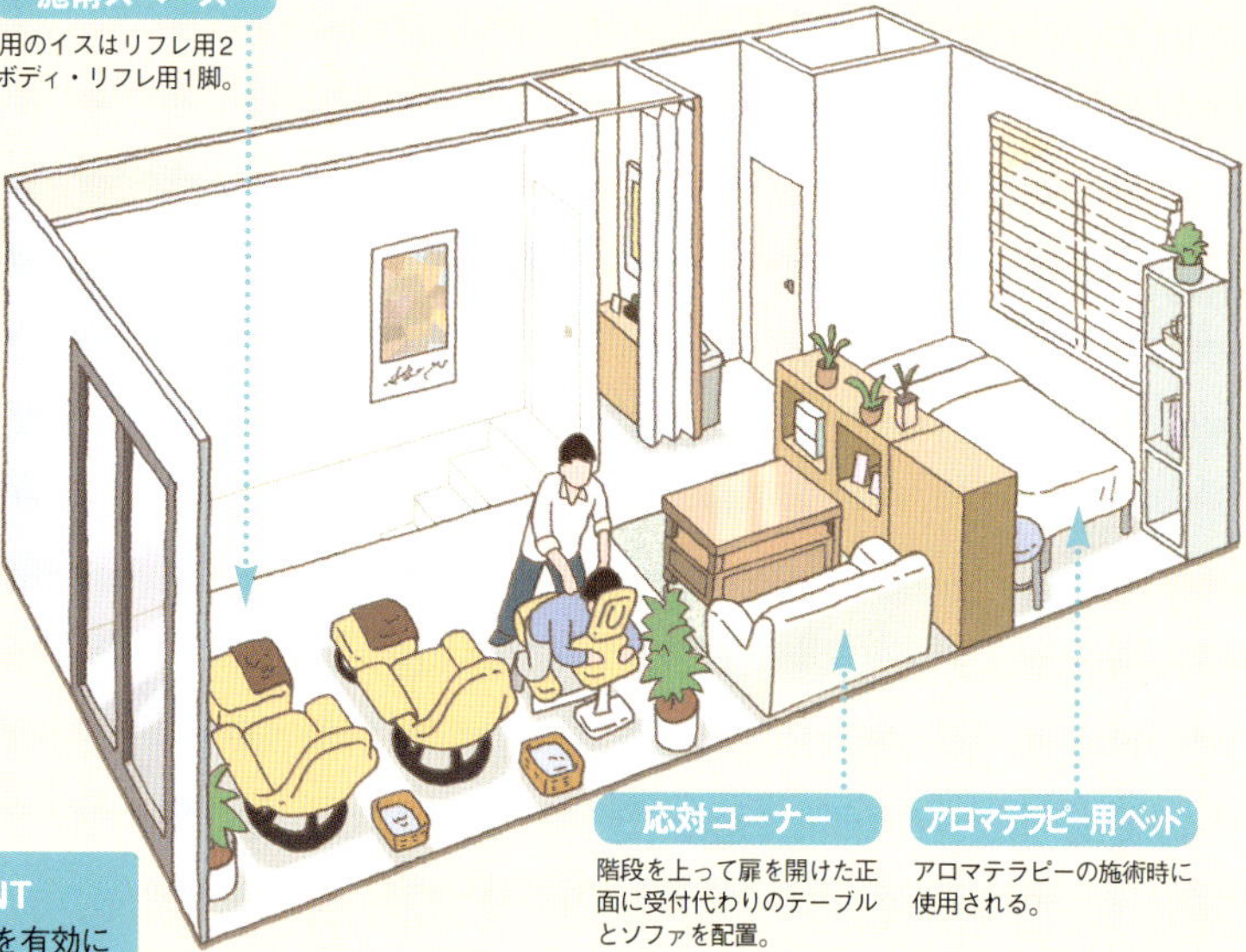

応対コーナー

階段を上って扉を開けた正面に受付代わりのテーブルとソファを配置。

アロマテラピー用ベッド

アロマテラピーの施術時に使用される。

POINT

小スペースを有効に活用している。必要最小限の設備に留めることで、経営のリスクを限りなく抑えている。

こぢんまりと落ち着ける シンプル＆柔らかなスペースは 持ち込みとDIYがいっぱい

5年以内にあと2店舗を京王線沿線に開き、そのうち1店はカフェ併設で、と夢を描く赤尾さんは、技術はもとより独立開業にはマネージメント能力こそ大事と力を込める。

「経営能力がなければサロンはただの趣味のお店。自宅の一部を改装し月5〜6万円程度の利益でOKならよいですが、それ以上をめざすなら経営感覚は不可欠ですね」

技術かスピリチュアルかに偏りすぎるのも問題で、自己満足に陥らないバランス感覚が重要だ。また、人のためになったと実感できる反面、生活や利益だけ考えたり気ままに怠けることはできない。疲れすぎるのも×。厳しい自己管理が必要だ。

赤尾さんから開業を目指す人へのアドバイスは、「自分の視点で多くのお店の長所短所を見ること」。さまざまな現実に触れ、それを糧に新たな価値を創造すること――夢の実現はそこから始まるのだ。

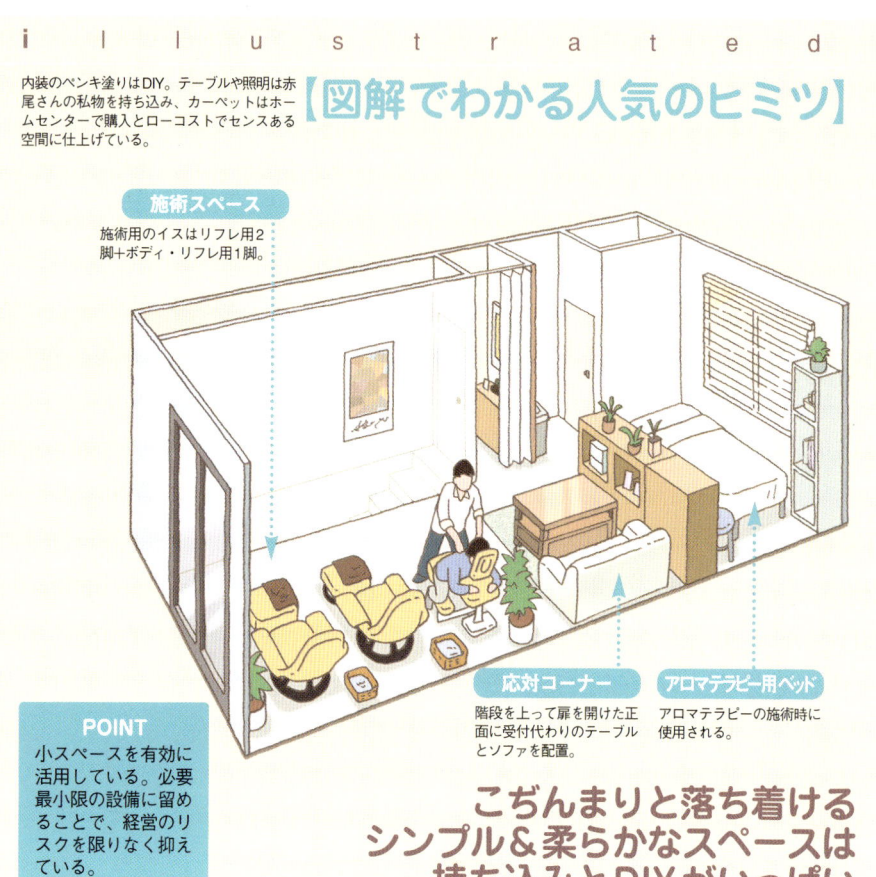

t h e s h o p

Relax Plus の注目ポイント

部屋のちょっとしたところに、インテリアデザイナーだった赤尾さんのセンスがうかがえる。

20世紀を代表する抽象画家の1人、カンディンスキーのポスター。あざやかな壁の絵が、柔らかな色調の部屋を引き締めている。

「友達の部屋」のイメージは、棚に置かれた小物にも表現されている。

ポットから香るエッセンシャルオイルはあくまでさりげない。この日はローズウッド。

s h o p d a t a

Relax Plus
住所／東京都世田谷区南烏山5-18-15 光洋コート2F
TEL／03-3305-1116
営業時間／平日 12:00〜22:00（受付21:00まで）土曜・日曜・祝日 11:00〜21:00（受付20:30まで）
URL／http://www.relax-plus.net/

Relax Plusオーナーからのメッセージ

独立開業のためになによりも大切なのは、バランス感覚を持つこと。夢をつぶさないためにしっかり現実的に考え、地に足をつけて、夢を現実にしてください。

「スクールを卒業したら、必ずどこかのサロンで修業したほうがいいと思います。実質的情報は、スクールでは教えてもらえません」

どんなタイプがやりたい？

理想のサロンを描いてみよう

第2章

たくさんある癒しサロン。あなたは

「自分らしさ」はどう出すの？

「癒しサロン」と、ひと口にいっても、
星の数ほどあって、選ぶのもタイヘン。
お客さまは、もちろん自分の症状に
合わせてサロンを選びますが、
インテリアや雰囲気も大切なポイントです。
あなたにも頭に描く、理想のサロンがあるはず。
でも、それを夢見るだけでは、いつまでたっても実現できません。
まず、「これだ！」と思えるアイデアを出してみましょう。

まずは、どんな技術をウリにするのか、メニュージャンルを考える

癒し系サロンにとっては一番のウリになるのは「技術力」。では、どんな施術の技術を自分は"ウリ"にするのか？施術のタイプ、セラピーの種類をまず把握するところから、サロン計画をスタートしていこう。

空間づくりよりも施術メニューを考える

第1章で紹介したサロンのメニューを見ると、それぞれが独自の施術メニューを用意していることがわかります。

たとえば24ページの「AQUA」は、アロマオイルでのトリートメントを中心としたアロマテラピーのサロン、48ページの「incondition」は、整体とアロマテラピーの両方が受けられるサロンとなっています。

お客さまにリラックスしてもらう空間づくりも確かに大事です。しかし、施術の内容に魅力がなければ、お客さまはリピーターにはなってくれないでしょう。

もちろん、確かな技術力がともなっていなければ話にならないことは言うまでもありません。

ウリのセラピーを何にするか。理想のサロンを考えるうえで、これが一番大切となるのです。

癒し系サロンにはどんなタイプがあるか

癒し系サロンは、アロマテラピーを中心とした「トリートメント系」、からだのコリを解きほぐす「マッサージ系」、心に抱えるストレス解消の「ヒーリング療法&セラピー系」の、大きく3つのタイプに分かれます。

次ページで示したように、それぞれのタイプにも、いろいろな種類のセラピーがあります。

どのセラピストたちも、いくつかのセラピーを複合的に習得し、それらを融合してオリジナルメニューにアレンジしています。

ここから、サロンの3タイプとセラピーの内容についてくわしく見ていきます。あなたなりのメニューを考えてみてください。

セラピーの種類を把握する

トリートメント系

アロマトリートメントでブラッシュアップ！

エッセンシャルオイルなどを使って、ボディやフェイスのトリートメントを行い、リラクゼーションを提供するサロンです。使用するオイルなどにサロンの個性が出ます。また、お客さまのニーズに合わせて、数種類のオイルを用意しているサロンが多いようです。※便宜上、ネイルケアを行うサロンもここに含みます。

セラピーの種類

- アロマテラピー／ボディ
- アロマテラピー／フェイシャル／フェイスケア
- タラソテラピー
- ストーンセラピー
- バリエステ
- アーユルヴェーダ
- ネイル／ネイルケア

など

マッサージ&整体系

からだの仕組みを把握し、全体のコリを解きほぐす

マッサージや整体によって、血液やリンパの流れを改善し、全身にたまっていた疲れを解きほぐす効果のあるセラピーを行うサロン。「ソフト整体」や「クイックマッサージ」などマッサージの種類にはいろいろあり、施術法や技量は各セラピストによって差があります。あくまでリラクゼーション効果の高いケアであり、治療ではありません。

セラピーの種類

- アロママッサージ
- マッサージ
- フーレセラピー
- スキャルプ／ヘッドマッサージ
- クリームバス
- ハンドマッサージ
- リフレクソロジー
- フットケア
- ハワイ式ロミロミ
- リンパマッサージ

など

ヒーリング系

心にたまったストレスも解きほぐすセラピー

より効果の高いリラクゼーションを提供するため、ヒーリング療法を取り入れたり、心の疲れも解きほぐし、ストレスを解消するセラピーを取り入れているサロンをいいます。アロママッサージやリフレクソロジーなどほかのセラピーと合わせて用意している場合が多いようです。

セラピーの種類

- カラーセラピー
- オーラソーマ
- レイキヒーリング
- 植物療法
- びわ療法
- ゲルマニウム温浴
- 岩盤浴

など

トリートメント系のセラピーを把握しよう

心身ともに健康であり、永遠に美しくありたい。そんな女性たちの願いをサポートするのがトリートメント系のサロン。具体的に各種セラピーの内容をおさらいしておこう。

自然の力でストレスを解きほぐす

サロンを訪れるお客さまは、心身ともに疲れています。そんな人たちのからだのなかに滞っている疲れやストレスを解きほぐして、血液やエネルギーなどの循環よくしてあげるのがセラピストの仕事です。

とくにトリートメント系のセラピーを中心としたサロンでは、セラピスト自身のからだを通して、自然のエネルギーがお客さまのからだに入っていくようサポートする、といった意識でトリートメントに取り組んでいかなければなりません。

トリートメント系セラピーの特徴とは

お客さまの心身を解きほぐす手段として使われているのが、エッセンシャルオイルによるアロマトリートメントであり、タラソテラピーであり、ストーンセラピーです。どれも自然の力を利用したセラピーです。

ちなみに、エッセンシャルオイルは、ハーブなどの植物から抽出した精油のことです。オイルの知識はトリートメント系サロンには必須といえるでしょう。

タラソテラピーとは、海水や海藻など海に関わるすべてのものを活用して、心身をリフレッシュさせるケアシステムです。ストーンセラピーは玄武岩など自然石のリラクゼーション効果を利用したセラピーです。

これら自然の恵みを〝セラピスト〟という人の手を介して行われているのが、トリートメント系の特色といえます。

これらを組み合わせて、より相乗効果の高い施術を提供するセラピストもいれば、マッサージ系やほかの療法と組み合わせてオリジナルの施術を思いつく人もいます。

次ページで代表的なセラピーを紹介しています。より多くのセラピーを習得し、そのなかから、自分の得意分野を見つけることが大切です。

●組み合わせ例：Energy Fieldの場合

アロマテラピー・ボディ	＋	アロマトリートメント
5	：	5

海に抱かれるような、ゆったりとしたトリートメントのタラソテラピーと、オーストラリアの花のパワフルなエネルギーを注ぎ込んだエッセンシャルオイルの活用で、代謝を促進し、リラックスするだけでなく、心から元気になれるケアを心がけ、実践されています。

トリートメント系セラピーの種類

●アロマテラピー／ボディ

精油を使ったボディトリートメントを行うのがアロマテラピー。マッサージの効果に精油の香りによる効能もプラスされ、より高いリラクゼーション効果が期待できます。アロマテラピーで重要なのが、精油に関する知識とブレンドの技術です。信頼を高めるためにもアロマテラピー検定やアロマセラピストなどの資格を取得しておくべきでしょう。また、お客さまの体調や好みを把握し、それに合わせた精油をブレンドする、いわゆるブレンディングの腕を磨くには、豊富な経験が必要となります。知識と経験を兼ね備えて、はじめて本当のアロマセラピストとなれるのです。

●アロマテラピー／フェイシャル／フェイスケア

顔の汚れをしっかり落とすディープクレンジングに始まり、角質ケア、マッサージ、パックなどをトータルに行うセラピー＆ケアを、「フェイスケア」（もしくはフェイシャル）と呼びます。肌の美しさをよみがえらせるためのサポートを行うセラピーです。顔全体が引き締まって小顔効果も期待できます。顔だけではなく、首から背中までをアロマエッセンシャルオイルを使いながら、トリートメントしていくといっそう効果が高まります。フェイスケアは美容療法に近いもので、エステの技術が基本にあります。そのため、フェイシャルを専門にしているセラピストには、エステティックサロンでの経験が長い人も多いようです。

●トリートメント
エステやサロンでは、マッサージや施術のことをトリートメントという。たとえば全身マッサージなら「全身トリートメント」。毛髪をケアするヘアトリートメントとは異なるので注意。

●リフトアップ
加齢とともにたるんだ顔やボディの筋組織を適度に刺激することで、たるみを引き上げ、肌をひきしめる施術。顔のトリートメントを受けると、目じりや口角が上がり、フェイスラインがシャープになって小顔効果が、ボディならばバストアップなどが期待できる。

●ディープクレンジング
通常の洗顔やクレンジングだけでは落としきれない、皮ふ表面の角質や毛穴につまった深部の汚れ、過剰な皮脂などを除去する方法。

●角質ケア
肌は約28日周期で生まれ変わるが、このリズムが乱れると古い角質がたまって肌がごわついたり、逆に角質が早くはがれ落ちて肌が乾燥したりする。皮脂をコントロールしながら古い角質を取り、肌の代謝リズムを整えて正常なターンオーバーを促すのが角質ケア。

●タラソテラピー

ストレス解消から痩身、美肌、リハビリまでさまざまに活用されるセラピーで、海水や海藻、海泥を用いて行う自然療法です。タラソテラピーのなかでも重要な施術といわれているのが入浴療法で、多くのサロンが施術前に、お客さまには海洋深層水を使ったフットバスに入ってもらいます。また、発汗作用や温熱効果のあるパックをオプションとして用意しているサロンも多く、とくに泥パックの知識は必須といえるでしょう。アロマテラピーと同様、フットケアやバックケアなど多様なコースを用意することもできます。

タラソテラピーは海のパワーのすべてを活用し、健康回復を図っていくセラピーと言えます。

●ストーンセラピー

近年、新しいタイプのトリートメントとして日本でも普及しつつあるのがストーンセラピーです。玄武岩、大理石、アクアマリンなど数種類の自然石を使ってマッサージする、オイルトリートメントの一種になります。日本では玄武岩を温めて使うホットストーンセラピーが多いようです。

石を全身のツボに乗せて行う、このセラピーは、使用する石についても、海外へ行って調達している店もあり、こだわりをもったサロンが多いのも特徴です。使用する石やオイル、マッサージ法などでオリジナリティーを出しやすいセラピーでもあります。

●バリエステ

脚、ヒップ、背中、肩から手など全身を、アロマオイルを使いながらおだやかに指圧する、インドネシア伝統のマッサージです。バリエステには、インドネシア伝統の垢すり・ルルール、ボレとよばれるボディトリートメント、パックの一種であるボディマスク、頭皮のトリートメントをするクリームバス、入浴療法の一種・フラワーバスなど、施術の種類は多岐にわたります。どこに重点を置くかがカギといえるかもしれません。なかでもクリームバス（P.088）は、東京で専門店ができるほど、人気のある施術のひとつになっています。

●アーユルヴェーダ

アーユルヴェーダとは、サンスクリット語で「生命の科学」という意味。５０００年以上昔から伝承されているインドの伝承医学で、インドでは医療として正式に認められています。

心とからだは密接な関係を持つという考え方のもと、ヨガや瞑想、呼吸法、食事療法、オイルを使ったマッサージなど、幅広い施術を行います。温めたごま油を眉間にたらす「シロダーラ」という、頭のなかの疲労を回復させる独特のトリートメントもあります。

日本でも学べますが、歴史と思想から根本的に習得するため、インドまで勉強へ行く人もいます。生半可な知識と技術では、他サロンに太刀打ちできないセラピーともいえるでしょう。

●ネイル／ネイルケア

爪を色とりどり、華やかに仕上げるだけでなく、ゆったりとパラフィンパックやハンドトリートメントを受けることでリラックス効果もあるため、ＯＬなど働く女性に大人気のセラピーです。ネイルアートやスカルプチュアの技術とともに、美しい爪をとりもどすネイルケアの技術も大切です。

折れやすい、二枚爪など、爪のトラブルやコンプレックスを抱える人も多いせいか、ネイルケアの技術がしっかりしたサロンならば、リピーターもかなり期待できます。また、ペディキュアを行うサロンでは、タコやウオノメといったフットケアをオプションメニューとして加えているところも多いようです。

●パラフィンパック
暖かく溶かしたろう（＝パラフィン）で手や足を包み込んで美容成分の浸透を促すホットパックのこと。エステサロンでは全身ケアの一部として、ネイルサロンでは爪のほか手足のケアとして行う。保湿・保温に優れ、リラックスしてヒーリング効果も期待できる。

●スカルプチュア
自爪の上につける、アクリル製のつけ爪のこと。自爪が短い人や、爪が弱くて伸ばせない人も、スカルプチュアをつけることでネイルアートを楽しむことができる。ただし、自爪がベースなので2～3週間に一度甘皮の処理などメンテナンスが必要。

●ネイルアート
爪にエナメルで、色彩のあるデザインを施す技術。大きく分けて３Ｄアートとフラットアートに分類され、３Ｄアートはつけ爪の上にパウダー状の塗料で立体的なデザインが描かれたものをいう。これに対してペイントアートなど平坦なアートがフラットアート。

●ペディキュア
ラテン語の「pedes（足）」と英語の「cure（手入れ）」を語源とする言葉で、足のお手入れという意味。ペディキュアには、足の爪の化粧だけではなく、足の裏やかかとの角質処理などのケアも含まれる。

マッサージ系セラピーの種類を把握しよう

からだの代謝が悪いと、血液やリンパ液の流れも滞ってしまう。すると老廃物がからだにたまり、体調や美容にも悪影響を及ぼすことに。それを改善するのがマッサージ。その種類は実にさまざまだ。

さまざまなスタイルのセラピーが人気

手のひらを使って、筋肉をもみほぐし、リンパやツボを刺激していくマッサージもまた、アロマテラピーによるトリートメント同様、疲れを癒すのに非常に効果的な方法です。

とくにマッサージオイルをプラスすることで、より血液やリンパ液の循環を高め、香りによる癒しも期待でき、相乗効果があります。

最近は、こうしたマッサージオイルによるボディやフェイシャルのマッサージだけでなく、足裏の反射区を刺激してからだの新陳代謝を促すリフレクソロジーや、手のひらではなく足で施術を行うフーレセラピー、あるいはハワイに古くから伝わる伝統的なマッサージ「ロミロミ」など、実にさまざまなマッサージスタイルが取り入れられています。

アロマとの融合など組み合わせもさまざまに

また、指圧やマッサージによって背骨のゆがみを矯正したり、からだの各部の働きを整える整体や、カイロプラクティックなどの技術を習得し、これらとアロマテラピーを融合させ、より効果の高いオリジナルセラピーを提供しているサロンも増えています。

たとえば、30ページのcomfort tableの菊地さんもその1人。彼女はカイロプラクティックを徹底的に学び、習得したうえでアロマテラピーも勉強し、彼女ならではのセラピーメニューを実現しています。

どのセラピーを、どんなふうに組み合わせるかで、サロンの個性が出ます。オリジナリティあふれるメニューを探していきましょう。

●組み合わせ例：comfort tableの場合

カイロプラクティック	＋	アロマオイルでのボディトリートメント
2	：	8

アロマオイルの力と整体・カイロプラクティックのテクニックを融合し、からだの奥から緊張が緩和していく施術を目指しています。

マッサージ系セラピーの種類

●アロママッサージ

エッセンシャルオイルなどを使って、手のひら全体で筋肉をもみほぐし、リンパやツボを刺激します。オイルをからだに浸透させながら、からだ全体をほぐしていくアロマトリートメントに対して、疲れのたまったからだを揉みほぐすことで、筋肉などに具体的に働きかけ、緊張を緩和し、リラクゼーション効果をはかります。

お客さまの体質や、その日のコンディションに合わせて選んだオイルを使うことで、肉体面だけでなく、精神的なストレスの緩和も期待でき、よりリラックス効果を高めることができます。そのため、施術前にカウンセリングの時間を用意したほうがいいでしょう。

また、エッセンシャルオイルの知識については、相当知っているお客さまも中にはいます。うわべだけの知識では、リピーターを獲得することはできません。

●マッサージ

肩や首のコリ、足のむくみ、腰の痛みなど、クライアントが疲れを感じているからだを揉みほぐす。なかでも数年前から人気なのがクイックマッサージです。ツボをおさえてマッサージを行い、10〜30分ぐらいの短時間でリフレッシュ効果を図るというもの。値段も、一般的に10分1,000円が相場と手ごろに設定されています。ほとんどのサロンでは、メニューを細かくしており、体調や時間の都合に合わせて利用できるようになっています。

肩こり、腰痛、むくみなど、具体的な症状がある人が、即効性を求めてクイックマッサージのサロンを利用することが多いので、ポイントをおさえた施術力が求められます。

●リンパ液
毛細血管からしみ出した、血しょうがリンパ管に入り込んだもので、細胞間液ともいう。古い細胞や血液のかけらなどの老廃物や脂肪を運び、やがて血液と合流し、尿として体外へ排出される。

●ツボ
人体の各所にある経穴（東洋医学でいうところのエネルギーの通り道である「経絡」の一部）のことで、これを押したり刺激したりすることで体の不調な部分を癒すことができるといわれている部位。

●フーレセラピー

セラピストの足でお客さまのからだを踏みながら施術するマッサージです。中国で治療や修行のために行われてきた足の技術がルーツだといわれ、これと西洋式のマッサージ理論が融合し、フーレセラピーとして確立しました。

施術する部分によって、足の指先、足底、かかとなどを使い分け、指圧のようにツボを刺激したり、足底の広い面を使ってゆっくり圧をかけたり、多岐にわたる方法で施術を行っていきます。セラピスト自身も、足裏の刺激によって健康が増進したり、バランス感覚が向上したりするのが、フーレセラピーの特徴です。手によるマッサージよりも体力的な負担が少ない点も見逃せません。

フェイシャルや足裏マッサージの前にフーレセラピーを行い、新陳代謝をよくしておくことで、セラピーの相乗効果も期待できます。

なお、「フーレセラピー」は登録商標です。フーレセラピー協会の会員にならないと商標としては使えないので、気をつけましょう。

●スキャルプケア／ヘッドマッサージ

美しいヘアスタイルは、健康な頭皮から生まれます。頭皮の汚れを落とし、マッサージによって血行を促し、健康な育毛をサポートするのがスキャルプケアです。

マイクロスコープなどで頭皮と髪の状態をチェックし、症状に合わせたシャンプー、マッサージ、ヘアトリートメントを行うのが一般的なコースです。

スキャルプケアには、水流を利用した循環型と、人の手によるものとの2種類があります。あるアンケートで「どちらの施術を受けたいか」を聞いたところ、循環型が10％、人の手が33％、両方が42％という結果が出ました。できれば両方とも用意しておいたほうがいいでしょう。

●クリームバス

バリエステ（P.084）でも取り上げましたが、頭皮と髪をケアするインドネシア伝統の施術です。ていねいにシャンプーしたあと、バリのオイルやクリームを使って、頭皮をマッサージしていきます。クリームバスをメニューに取り入れるなら、専門店でない限りはバリエステと併用したほうがいいでしょう。

●ハンドマッサージ

手と手首にも足と同様に、からだに関する反射区があり、手によい刺激を与えることによって、全身や内蔵に働きかけ、脳の活性化にもつながります。アロマオイルを使って、反射区を刺激しながら行うハンドマッサージを、オプションメニューとして加えているサロンは多いようです。

●リフレクソロジー

足底のマッサージを中心に行うセラピーで、足裏マッサージの一種です。

リフレクソロジーは、中国や台湾に普及している東洋式と、アメリカやヨーロッパ各国で普及している西洋式に大別されます。東洋式リフレクソロジーは、指の関節や足もみ棒などを使って、足裏全体に強い刺激を与える施術スタイル。一方、指の腹を使って、ソフトタッチで施術するのが西洋式リフレクソロジーです。

リフレクソロジーは反射区を「押す」施術ですから、オイルは使用せず、パウダーを足裏に塗り、施術していきます。お客さまの好みに合わせて、押す力の強弱をつけることも大切です。

リフレクソロジーのサロンは現在増えており、チェーン展開するサロンも多くあります。そのため、誰でも簡単に施術できる同じような技術では「違い」を出すのは難しいともいえます。個人開業でリフレクソロジーを取り入れる場合は、フットケアやレッグアロマ、ウォーキング理論の習得などプラスアルファの技術が求められます。解剖生理学の知識があれば、なお有利になるでしょう。整体やボディマッサージと組み合わせているサロンも多いようです。

●フットケア

疲れやむくみのほか、タコ、ウオノメ、巻き爪など、病院に行くほどでもない足のトラブルを解消するセラピーです。靴のメーカーやペディキュアを行うネイルサロンでフットケアを行っているところも多く、ドイツ式フットケアの理論である「ポドロジー」を導入した本格的なフットケアサロンもあります。

一般的なフットケアのコースは、フットバスに入り、足裏の角質・タコ・ウオノメの除去とケアをしたあと、マッサージをしてクリームで仕上げます。20～30代の女性を中心に足の悩みを抱える人が増えているため、今後もこの分野はさらに人気が高まっていくと思われます。

脚の形を気にする人も増えており、O脚やX脚を矯正できる総合的なサロンをめざしましょう。

●反射区
身体の各機関や各部位につながっている末梢神経が集中しているところで、手と顔、足全体に分布している。反射区を押すと、そこに対応する内臓が悪い場合には痛く感じる。足裏の反射区（足つぼ）を利用したものがフットリフレクソロジー。

●ポドロジー
ドイツ語の「podologie」は「足学」「足の学問」という意味で、骨格のゆがみをはじめ、巻き爪などの爪のトラブルや、ウオノメ、タコなどの皮ふのトラブル、外反母趾といった足のトラブルに対するケアのこと。

●ハワイ式ロミロミ

ロミロミとは、ハワイ語で「揉む・圧す」という意味。ハワイの伝統的なヒーリング・マッサージ技術がハワイ式ロミロミです。

ロミロミはオイルを使い、全身をリズミカルに刺激するオイルマッサージの1つですが、セラピストが相手を癒すのではなく、太陽、海、大地といった自然のエネルギーを取り入れ、セラピストを通してその力を相手に伝えて癒していくというのがロミロミの概念です。マッサージには指先からひじまで前腕のすべてを使い、腕の内側を使ったケアが特徴的です。

自然の力を取り入れるという考え方はストーンセラピーに通じる点もあり、ロミロミを取り入れているサロンの多くが、ストーンセラピーも行っています。スピリチュアルな癒しを求めているお客さまのニーズをうまくとらえましょう。

●リンパマッサージ

皮ふの表面に血管のように張り巡らされたリンパ腺に沿って行うマッサージで、リンパドレナージュともいいます。ゆるゆるとなでるように行うので、物足りなく感じる人もいますが、リンパ液の流れを促すにはこのタッチとスピードが効果的なのです。

リンパ液の流れを促進させるセラピーですので、リンパ系の仕組みと分布、流れる方向を理解していなければなりません。また、どの部位を重点的にマッサージしていくかは、お客さまの体調しだいで違ってきます。

日本人はマッサージに対して「痛キモチいい」くらいの強さを求めています。ソフトタッチのリンパマッサージでは十分な満足感を得られないというお客さまもなかにはいます。リンパについての理論武装はもちろん、ほかのマッサージセラピーも用意しておくといいでしょう。

●ヒーリング

ヒーリングとは一般では〝癒し〟ともいわれ、人がもっている治癒力を正常に、効果的に機能できるように働きかける癒しの技術のことをいう。マッサージ、アロマテラピー、食事、旅行、園芸、花、読書、音楽鑑賞、ダンス、温泉、カラオケなど、体と精神のバランスをとる行為はすべてヒーリング。

●リンパドレナージュ

リンパ液が流れているリンパ管は、血管と違ってポンプの役割をするものがないので、なかの液体がゆっくり流れており、また流れる力が弱いので重力の影響を受けやすく、足や指先など心臓から遠くて下に位置する部分にリンパ液がたまりやすくなる。マッサージで刺激を与えることによりリンパや血液の流れをよくし、たまった老廃物を流して太りにくい体質に改善する技術をリンパドレナージュという。

ほぐしコラム　世界各国のエステ＆セラピー

ところ変われば、エステも変わる。
各国それぞれのエステがあり、セラピーがあります。
考えてみれば、リフレクソロジー、ロミロミも海外から取り入れたもの。
それ以外のエステ＆セラピーをここでは紹介しましょう。

■タイ古式マッサージ（タイ）

インドから伝来した健康方法が形を変えて、タイ王室寺院で発展した、タイの伝統的なマッサージです。起源は2500年以上前。脚を中心にもみほぐし、足裏からふくらはぎ、太もも、脚の付け根、腕、肩、頭の順に念入りにマッサージしていきます。日本でタイ古式マッサージというと、アクロバットのような格好で背骨を伸ばすストレッチのイメージが強いようですが、呼吸に合わせてゆっくりと行うので、痛みを感じることはほとんどありません。ふだん使わない筋肉をゆっくりと伸ばしていくマッサージは、柔軟性を高め、疲れにくい体質にととのえる効果があるといわれています。

■スウェディッシュ・マッサージ（スウェーデン）

スウェーデンで約200年前に誕生したボディケアです。スパやスポーツジムなどの公共施設をはじめ、老人ホームなどの福祉施設、一般の家庭でも広く親しまれています。基本的にはオイルを使っての施術ですが、使う量は少なめ。深部にある筋肉までじっくりと刺激するおだやかなマッサージが大きな特徴です。施術後は体がぽかぽかして血液やリンパの流れもよくなり、軽い運動をしたような気分が味わえます。

■ファンゴ療法（イタリア）

全身泥パックのこと。ファンゴとはイタリア語で「泥」という意味。ミネラルたっぷりの泥を全身に塗ってラップし、発汗を促しながら、新陳代謝を活性化させる療法です。リウマチや関節痛、皮膚疾患などに効果があると言われている「泥風呂」が発展したもので、ドイツやイタリアのスパでとてもポピュラーなエステメニューです。

■汗蒸幕〔ハンジュンマク〕（韓国）

朝鮮半島に古くから伝わる窯状のサウナのこと。大きな窯のなかで、枯れた松葉を燃やして、燃え尽きたところで濡らした麻布をかぶり、そのなかに入るというスタイル。窯のなかは200度以上。じっくり汗をかくことで血行を促し、新陳代謝を高めることができます。韓国には、これ以外にからだをみがく「アカスリ」や、婦人科系疾患に効くといわれている「ヨモギ蒸し」などもあります。

オプションメニューとしてヒーリング療法&心理セラピーを知っておく

現代の人々は、心に多くのストレスを抱えている。そんな心の疲れを癒す心理系セラピーやヒーリング療法をオプションとして取り入れ、リピーターを獲得しよう。

オーラソーマを取り入れストレスを解消

18ページで紹介したNatural Happyでは、からだだけではなく、心をゆるめるメニューとしてオーラソーマが用意されています。

オーラソーマとは、光とカラーによる新しいタイプのカラーセラピー。上下2層の色に分かれた105本のカラーボトルから、直感で4本を選ぶことから始まります。選んだボトルにはそれぞれ意味があります。セラピストはその意味を〝翻訳〟して、ボトルからのメッセージをお客さまに伝えます。

きれいなボトルを眺めていると、不思議なくらいお客さまは内面に抱えていたストレスを解消でき、癒しを得られます。

実際、オーナーの関口さんは希望されるお客さまに対しては、このオーラソーマを最初のコンサルテーションで行うとのこと。すると、心が癒され、徐々にからだもストレスから解き放たれていくそうです。

どんなオプションをつけるかが成功のカギ

こんな具合に、心の問題をケアするセラピーを取り入れることも1つの方法です。精神的な部分での癒しをよりいっそう追求した、レイキヒーリングなども、その知識があるかないかで、ずいぶん施術&サービスが異なってきます。

また、前ページで紹介した韓国の「汗蒸幕（ハンジュンマク）」のように、からだを温める療法などを取り入れるのも、独自性を強く打ち出す効果的な方法と言えます。

●組み合わせ例：Natural Happyの場合

オーラソーマ	+	ホットストーンセラピー	+	ロミロミ
1	:	3	:	6

最初に、お客さまのコンディションをうかがう際、希望される方にオーラソーマを行います。それによって一気に心が解放されると、よりからだもストレスフリーとなり、施術の心地よさを十二分に味わってもらえるそうです。

ヒーリング療法＆心理系セラピーの種類

●カラーセラピー

色彩学と心理学を基盤とした色彩治療法のこと。色彩から受ける心理的効果を利用して、お客さまが自分自身の心を理解するのをサポートします。お客さまが選んだ色を通してその人の心やからだの本質を引き出し、くつろげる環境づくりを指導するのがカラーセラピストの仕事です。

カラーセラピーの手法は世界中に20以上あるといわれていますが、最近話題の「オーラソーマ」もカラーセラピーの1つ。人間関係や仕事で壁にぶつかったときに、カラーセラピーを活用するケースが多いようです。

色の知識はもちろんですが、それをわかりやすく、かみくだいてお客さまに説明する技術が必要となります。

カラーセラピーにはそのほかに、センセーションカラーセラピーシステム、カラーバンクチャーなどがあります。

●オーラソーマ

オーラソーマとは、光とカラーによる新しいタイプのカラーセラピーです。オーラとは虹の7色を持つ光、ソーマとは身体・存在を意味し、カラーセラピー、心理学、アロマテラピーの3つの要素を持っています。

方法は、上下2層に分かれた105本のカラーボトルのなかから、お客さまに直感で4本を選んでもらいます。選んだボトルの順番に意味があり、

- 1本目…人生の目的・使命・あなたが本来持つ才能
- 2本目…過去のトラウマや問題点
- 3本目…現在の状況
- 4本目…これからの目標

を表しています。カラーボトルは正式には「イクイリブリアムボトル」といい、ボトルの中身は植物のエッセンシャルオイル、ハーブの抽出液、鉱物でできています。2層に分かれた上層部は顕在意識を、下層部は潜在意識を表し、105種類それぞれに意味をもっています。選んだ4本のボトルの意味を“翻訳”してお客さまに伝えます。

カラーセラピーは色彩学と心理学を基盤とした「癒しの科学」です。占いのような印象を与えないようにカウンセリングすることが大事です。

●センセーションカラーセラピー
10種類のカラーボトルから6種類を選んでもらい、客の心理状態などを分析する手法。オーラソーマよりも手軽。

●カラーバンクチャー
ツボや経絡（87ページ下段）に、カラーライトを使って光とともに色の情報を入れて心身のバランスを取り戻すことを試みるカラーセラピー。

●レイキヒーリング

レイキとは「宇宙の生命エネルギー」のこと。レイキヒーリングは、このエネルギーを活用し、ヒーラー（施術者）の手のひらからヒーリー（受け手）の体にレイキエネルギーを流す、ハンドヒーリングです。

ヒーリングを受ける人は、ただ横たわっているだけ。ヒーラーが頭部4カ所、上半前身4カ所、上半後身4カ所の基本ポジションに手をあててレイキエネルギーを流すと、心やからだに効果を発揮し、健康増進やストレス解消などに役立つというのがレイキヒーリングの施術方法です。

レイキヒーリングは、直接からだに手をあててエネルギーを流す直接法のほかに、時空のエネルギーを届ける遠隔ヒーリングのテクニックもあります。現在は世界で100万人以上の人がこの療法を学習し、実践しているといわれています。

レイキヒーリングは多分にスピリチュアルな要素を持っているセラピーですので、すべてのお客さまに効果のあるものではありません。メニューに取り入れる場合は慎重に。

●植物療法

ヨーロッパに古くから伝わるセラピーで、フィトテラピーともいいます。ハーブを中心とした植物の治癒力を利用して、リラックスしたり、病気を予防したり、美容に役立てたりする施術をすべてフィトテラピーと呼び、植物の精油の香りを使うアロマテラピーもフィトテラピーの1つです。

ただし、アロマテラピーとフィトテラピーでは、使用する植物製剤が違い、投与方法や効果の現れ方なども違います。両者を取り入れる場合は、ハーブとエッセンシャルオイルの使い分けや理論について、十分な知識が必要です。

フィトテラピーは足浴やフェイシャルトリートメント、その他マッサージなどと組み合わせやすく、その技術を身につければメニューにも幅が出るでしょう。

植物という「自然」のものを使うセラピーですから、「自然さ」が感じられるサロンであれば、なおよいのではないでしょうか。

その他のセラピー

●音楽療法

音楽は何千年も昔から癒しに使われてきたが、現代では、精神疾患を持つ患者のレクリエーションとして、楽器を演奏することで発声訓練をしたり、うつ病・精神不安定な状態の患者の治療をしたり、また、重度心身障害児の精神発達のための治療方法としても取り入れられている。1995年に全日本音楽療法連盟（全音連）が設立され、音楽療法士の資格認定が行われている。

●アニマルセラピー

犬やネコなどの動物とのふれあいによる癒し効果を、心身の健康増進に役立てようというセラピー。特別養護老人ホームでの訪問活動では、長い間無表情だった老人が動物と接し明るい表現力を回復した、日ごろほとんど記憶を失っていた老人が、動物と接したあと、心を開き、会話を交わすようになったなどの効果が報告されている。

●砂風呂

45～50度に保たれた温かい砂床を掘り、そのなかに浴衣を着たまま入って、その上から温かい砂をかけ、全身を温砂で覆うのが砂風呂の入り方。時間は初心者で15分、慣れていても30分程度。神経痛、肩こり、冷え性、婦人病などに効果がある。

●びわ療法

古くから健康によいとされ、民間療法として用いられたびわの葉を使った療法です。

びわ療法には、びわの葉を直接患部に貼る、びわの葉温灸、遠赤外線式温圧器による温熱、びわの葉茶、びわの葉風呂などいろいろな方法があり、よく普及しているのが温灸法です。また、遠赤外線の熱で葉のエキスを蒸気化させて皮ふから浸透させる温熱びわ療法も、効果が期待できるようです。

「からだを温め、血行促進、新陳代謝のアップ」という面では、ホットストーンセラピーと発想的には同じです。

びわ療法を取り入れる場合、やはり温灸法か温熱法の人気が高いようです。

しかし、温灸の場合、煙やにおいが強く個人サロンには向かないことが多く、温熱の場合は特殊な医療器を使うため先行投資が必要となります。

●ゲルマニウム温浴

体内の酵素を増やすという有機ゲルマニウムが溶けた温泉に、手足を浸して温める温浴法。

ゲルマニウム温浴１回分は、エアロビクス2時間分の運動量に匹敵すると言われています。新陳代謝を活性化させることにより、自然治癒力を高め、健康を増進するとともに、美肌やスリミングなどの美容効果も得られるため、人気も上昇しています。

ただし、設備投資のお金がかかるため、個人サロンではなかなか導入しているところは少ないようです。

●岩盤浴

天然鉱石を利用した身体に負担のかからない低温サウナです。室温・床温35～40℃、湿度70～80％に保たれた岩盤浴ルームは、サウナのように息苦しくなく、幅広い年代が入浴できます。

室温は40℃ぐらいですが、温めた天然の鉱石の上に横たわっていると、岩盤から出る遠赤外線によってからだが芯から温まり血行が促進。代謝が高まって汗とともに老廃物も排出されます。

ゲルマニウム温浴と同様、設備投資のお金がかかるのが難点です。

●酵素風呂
檜をさらさらなパウダー状にしたものに、多くの薬草・野草から抽出した酵素や蜂蜜などを加えて、自然発酵による熱で入浴する乾式温浴法のこと。心地よい檜の香りで森林浴気分も味わえ、健康に必要不可欠な酵素を全身から吸収できる。

●酸素セラピー
高気圧（1・2～1・3気圧）のカプセル内に横たわることで、通常呼吸するよりも多くの酸素を身体に取り込む仕組みを利用したセラピー。効率のよい酸素供給により細胞が活性化し、疲労回復、美肌、ダイエット、集中力アップなどの効果が期待できるといわれている。

●耳ツボ
耳には、食欲を抑制するツボ、消化器系を正常にするツボなど、ダイエットに関係するツボが集中しており、このツボを刺激する療法。

●ナチュロパシー
現代医療とは異なった概念を持つ医療形態のことをいい、自然なもの（たとえば食べ物、ハーブ）などを使いながら自己治癒力を上げる、病気の予防をする、健康を保つといったことに重点を置いている。食事療法、栄養学、カウンセリング、ハーブ療法、運動指導、マッサージ、リラクゼーション、サプリメントの利用などはすべてナチュロパシーといえる。

施術以外の仕事量も計算し 自分自身の技術を磨く

key word 立地　予約状況　休憩時間

お客さまに日ごろの疲れを取ってもらい、リラックスできる空間を提供する仕事だが、サロンの規模やお客さまの集中する時間帯などによって、日々の忙しさは異なる。また施術以外の業務をしたり、全身の体力を使うだけに有効な休憩時間を確保することも大切になってくる。

ボディ&フット・ハンドマッサージ「Natural body 宇都宮店」の場合

「Natural body」は独自のハンドマッサージ技術を提供するFCチェーン店。大型ショッピングセンターの入り口に近く、買い物ついでに訪れるリピート客も数多い。1日のピークは14～18時くらい。当日予約のお客さまが6～7人待つことも珍しくない。待ち時間を買い物で時間つぶしできるのは、お客さまにとってはメリットでもある。東京本部で開催される自由参加の講習会には、平山オーナーをはじめスタッフが積極的に参加し、つねに技術向上に努めている。

1カ月のスケジュール

SUN　MON　TUE　WED　THU　FRI　SAT

1　8　15　22　29

- **従業員のシフト設定**
  毎月25～26日頃
- **従業員の給与計算**
  月末（29日か30日）。給料日の前日に計算
- **東京本部の講習会に参加**
  月1回、月曜～水曜のうち1日間（開催日はとくに決まっていない）。自由参加の講習会に、店舗スタッフと出席
- 翌月の売り上げ目標予算を組む
  毎月25～26日頃
  （従業員のシフト設定と同じ日に行うことが多い）

※年中無休

1日のスケジュール

8:40 スタッフと開店準備。清掃、湯沸かし、釣り銭の準備

9:50 朝礼。本日の予約、目標予算の確認

10:00 開店。スタッフが1人出勤。午前中に行うこと……施術用のペーパーをストック／クリーニング済みタオルの仕分け／消耗品や商品の発注

10:30 予約のお客さまが来店。予約内容の確認、体調のチェックなど

11:40 コース終了、フロントでお会計。サービスのミネラルウォーターを出す

11:50 休憩

12:00 本部からテクニカルアドバイザーが3カ月に1回チェックに訪れる

14:00 ピークタイムに突入。買い物客が中心

18:00 客足が落ち着く。お客さまが少ない日は18時半に1人、20時半に1人のスタッフを帰す

21:00 閉店準備。売り上げの集計。日報を作成し、本部に送信。明日用のタオル交換。モップがけ

21:20 終了。帰宅

リフレ・フーレサロン「natural treat」の場合

「natural treat」の斎藤オーナーは、施術以外にもメールの返信や講座の準備などで多忙。休憩を設け、自分やスタッフの健康に配慮する。午後の2時間を10歳の娘さんと過ごせないか検討中。帰宅が不規則なサロン経営と育児の両立は難しい。

1日のスケジュール

9:30 お店に到着。清掃、開店準備（施術ベッドのセッティング／蒸しタオルの用意／ハーブティー用湯沸かしなど）

10:00 開店。予約が入っている場合はすぐに施術開始。
または、お客さまが来店するまでメールの返信やHP更新、講座テキスト作成などの各種業務

13:00 施術の合間を見計らって昼食。
その後、随時休憩をとりながら、予約の施術および、講座のレジュメ作成や新しいキャンペーンの企画の構想など

18:00 おにぎりなどで軽食をとり、その後、夜の予約の施術

21:00 施術終了。後片付け

21:30 帰宅

1カ月のスケジュール

SUN MON TUE WED THU FRI SAT

1 8 15 22 29

- **2週間に1度**
  独立開業準備セミナー開講
- **月2回程度**
  オンラインショップの商品の仕入れ
  （在庫がなくなり次第の仕入れとなるため、とくに曜日や日にちは決まっていない）
- **1週間に1度**
  各種施術講座の開講
  （リフレやオイルトリートメントなど、受講申込により随時）

※定休日：日祝日

娘さんとの時間も大切にする斎藤オーナー。

トリートメントは耐久レース？

癒しサロンのセラピストは、一般に思われているほど（?）楽な仕事ではない。

安らぎと「癒し」に満ちたサロンだが、じつはみずからの体を使い、力を込めてトリートメントを行うセラピストたちの「肉体労働」の舞台でもある。いったい一日にどれくらいの施術がこなせるのだろうか。

「natural treat」では、施術内容によってその日の予約受け入れ人数を決定している。セラピスト1人につき、2～3時間コースのお客さまなら2～3人、1時間以内のコースでも5～6人程度の施術が1日の限度という。

誰かを癒すためには、まず自分が元気でいることが大事。施術の合間に十分な休憩をとることは必須条件になってくる。疲れてぎりぎりの状態での施術は禁物と肝に銘じておきたい。

夢を実現するために
01

人気サロンといわれる店はいったいどこが違うの？

同じようなサービスを提供するサロンがひしめくなか、単に立地がいい、メニュー内容がいいというだけではなかなか人を集めることはできない。人気の高いサロンはどこが違うのかを考えてみよう。

人気サロンには4つの共通点がある！

①立地に合った店舗プロデュース

駅に近い物件ほど有利といわれますが、住宅街でも成功しているサロンはたくさんあります。大切なのは、立地とターゲット、サービス内容、店舗の雰囲気をマッチさせることです。

たとえば、OLや主婦がターゲットなら、彼女たちが多く住む新興住宅地で開業すれば、メイク直しをせずすぐ帰宅できるため、喜ばれるかもしれません。

家に近く安心感のある立地を利用して、長時間のメニューを用意するのも1つの手です。

②接客技術が高い

癒しサロンでは、スタッフに精神的なつながりを求めるお客さまが多いのが特徴です。不快感を与えない接客マナー、お客さまの話を聞いて理解できる能力が求められます。

③顧客管理が徹底している

顧客カルテをしっかり管理しておくことで、お客さまに「あなたのことをしっかり覚えてますよ」とアピールできます。お客さまの職種や疲れやすい部位、押し方の好み、といったことをスタッフの間で共有しているのが、いいサロンの条件です。中小企業事業団の調査によると、癒し系サロンのリピート率は6～9割と非常に高いため、来店者にはDMやメールなどで定期的に情報を提供することも大切です。

④はじめてのお客さまでも入りやすい

はじめてのお客さまにはどうしても敷居の高さがつきまといます。人気サロンでは、インターネット予約など予約しやすいシステムをつくる、セラピストの顔写真入りチラシで安心感をアピールするなど、新規のお客さまを呼び込む工夫をしています。

●もう1つの共通点とは？

上で紹介した4つの共通点をクリアできたとしても、あなたに「人の心と体を癒したい」という思いがなければ、サロン経営の成功はおぼつかない。

「お客さまが『ありがとう』と笑顔でいってくれることが何よりうれしい」

人気サロンのオーナーは例外なく、この言葉をサラッといえるものだ。

人気サロンは、はじめてのお客さまを呼び込むためにこんな工夫をしている！

- 「お友達紹介キャンペーン」などで、リピート客に知人を紹介してもらう
- 予約方法を電話、メール、FAXと多様にする
- ホームページに予約フォームをつくる
- 近所のショップや書店、スーパーなどにチラシを置かせてもらう
- 講習会などの講師になり、知名度を上げる
- ホームページへのアクセスを増やす工夫を。検索上位にくるようにキーワードを埋め込んで文章を書く、登録するカテゴリーを増やすなど
- イベントなどへの出張営業を行う
- 何が得意なサロンなのかがわかるように、業種名をはっきり表示する
- 店舗前、看板、窓ガラスは掃除を徹底して清潔に
- サロン内がわからないと不安になるので、看板などに施術室の写真を入れる

注目サロンとっておきセラピー part2

注目サロンに学ぼう！おもてなしの心とは？

key word　お客さまの満足　心地よい時間　感謝の気持ち

本書で紹介している人気サロンのオーナーたちは、口をそろえて「お客さまの施術後の満足げな顔を見るのが喜び」という。彼らのお客さまに対する「心得」から、おもてなしの心とは何かを考えてみよう。

月2回の講習会への参加も欠かさない「Natural body宇都宮店」の平山オーナー。

satisfaction

1 お客さまの立場に立つ

「癒し」というサービスを提供して受け取るのはお金ですが、それ以上にお客さまの「ありがとう」の言葉が欲しいというのが、多くのセラピストの願いでしょう。

「Natural body」では、「お客さまが世間話をしたいのか、それともゆっくりくつろぎたいのかを雰囲気で感じ取り、不快にさせない」よう、気を配っています。

「どうすればお客さまにお金を出してもらえるか」ではなく、「いかにしてお客さまに満足していただけるか」を考えることが、人気サロンへの第一歩なのです。

「AQUA」の岩崎オーナーは、お客さまの居心地を重視し、マンションの1室で開業。

2 居心地のいい「癒し」の場を提供

「AQUA」の店内は植物の香りがただよい、やさしいヒーリングミュージックが流れ、穏やかな照明に照らされています。五感に働きかけるリラクゼーションスペースを演出しているのは、お客さまに心地よい時間を過ごしてほしいとの思いから。

また、自宅ではなくサロン専用の部屋を借りたのも、お客さまに生活感を感じさせたくないという配慮があってのことだといいます。

サロンに来るお客さまは、どんな居場所を求めているのかを考えなければならないことを、「AQUA」の例は教えてくれます。

comfort

3 客がどう感じるのかを想像する

中国式の足ツボマッサージをメニューに取り入れている「Relax Plus」では、痛すぎないように力加減を調節しています。本来は強く押さなければならない施術でも、理論や手順にばかりこだわっていては、お客さまの満足度は得られません。

開業前は、あなたがどうしたいかを追求するのもいいですが、大切なのはお客さまがどう感じるかを考える想像力。知識や技術があればお客さまは満足するわけではありません。お客さまのための知識と技術であることを忘れずに。

「自分の視点で多くのお店の長所短所を見ること」と話す「Relax Plus」の赤尾オーナー。

4 感謝の気持ちを表す

「1回でも来ていただいたお客さまには、必ずハガキを送っています」というのは、「Pierna」のオーナー今野さん。

これには、もちろんリピーター獲得のための戦略的な部分もあるでしょうが、「来ていただいてありがとうございました」という感謝の気持ちを伝えたいという思いがあってこそできることです。

癒し系のサロンが林立する現在、数あるサロンのなかから選んでくれたお客さまに対して素直に感謝する心は、きっとお客さまにも伝わるに違いありません。

新規のお客さまにも感謝の気持ちを表すことを忘れない、「Pierna」のオーナー今野さん。

5 お客さまを感動させたい

ほとんどの人気サロンが、このことをつねに考えています。「問題なく施術できればいい」などと考えている人は、いないといっていいでしょう。

たとえば、お客さまが気持ちいいと感じていると思われる部分は、普段よりもゆっくりめに施術するといったことです。「強さはこれくらいでいいですか？」とひと言聞くだけでも、お客さまのサロンに対する印象はかなり変わってきます。

また、「Natural body」のように、マッサージチェアは靴を履いたままでもOKといった、お客さまの利便性を考えた工夫も、ほかの店にはなかった感動をお客さまに与えることでしょう。

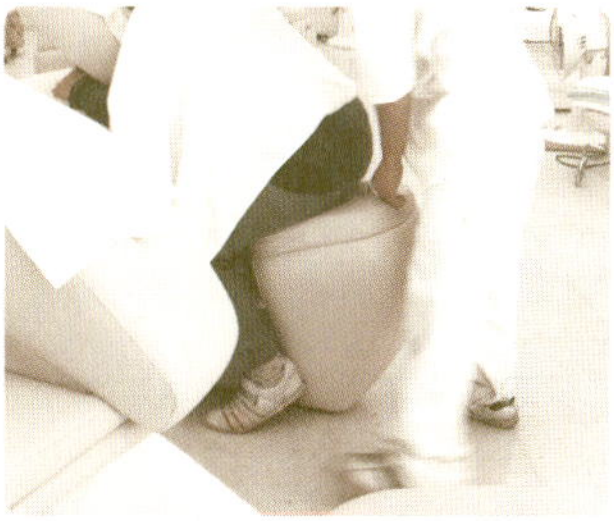

靴を履いたままでマッサージを受ける「Natural body 宇都宮店」の様子。

6 健康には人一倍気を使う

人を癒す仕事をするからには、自分自身がストレスをためず、心地よく生活することを心がけることも大切です。

とくに予約制のサロンでは長時間労働になることもあり、セラピストの負担は精神的にも肉体的にも小さくないものです。自身が健康を害すれば、お客さまに満足のいく施術はとうていできません。

休憩時間を設け、リフレッシュしたり、体力を維持したりすることも考えましょう。

7 安っぽいまねはしない

人気サロンの成功の秘訣は何か。それは、リピーターをしっかり獲得していることです。

そして、そういったサロンの多くは、価格の安さやメニューの豊富さ、資格の多さなどを全面には押し出さないものです。

確かな技術力と、にじみ出る人間性、サロンの良質なイメージこそが、人気サロンを支える大きな力となっているのです。

どんなサロンにしたいのか「夢」を書き出してみよう

ああしたい、こうしたいと、夢が広がるサロン開業。でも、漠然とした夢をカタチにするにはきちんと段階を踏んで考える必要がある。ここではその方法を紹介しよう。

夢を書き出すことが実現への第一歩

サロンの個性は、オーナーが持っている「夢」や「目標」をベースに形づくられていきます。

その夢を、店づくりやサービスに具体的に生かすことができたとき、はじめてあなただけのオリジナリティあふれるサロンが完成するのです。

夢を現実にするには、次の4つのステップを踏んで考えていくとスムーズです。

「居心地のいいサロンを」という漠然とした思いが、「北欧の家具を使う」「施術に使うベッドは高価なものを購入し、そのぶん宣伝費を抑える」と具体的になり、自分が何をすべきかが見えてきます。

①夢を紙に書き出す

夢は頭のなかで考えているだけでなく、紙に書き出すことをおすすめします。最初は、「北欧っぽい内装にしたい」「たくさんの人を癒してあげたい」と、漠然とした内容でも構いません。

②「なぜそう思うのか」を考えて書き出す

書いた夢に対し、「なぜ自分はそう思うのか」を掘り下げていくことで、より具体的なイメージがわいてくるはずです。

③テーマコンセプトを決める

夢が具体的になったところで、店のキャッチフレーズとなるようなコンセプトを決定します。お客さまに「うちはこんなサロンです」と一言で伝わる内容がベストです。

④コンセプト実現のためにすべきことを書き出す

コンセプトを具体化するために、どんな業態、内装、メニュー、料金設定にするかを考えます。お客さまのニーズと自分の夢とのバランスもチェックしましょう。

夢を具体化するまでの流れ

ＯＬを辞めて留学し、アロマを学んだＡさんの場合

旅行会社勤務時代にタイ古式マッサージを学んだＢさんの場合

STEP 1　夢を紙に書き出す

・イギリスに留学して学んだ本格的なアロマテラピーケアを広めたい。
・無農薬のハーブでつくったオイルを使いたい。

・ダイナミックな動きで体をほぐす気持ちよさを知ってほしい。
・旅行管理者の資格を持っているので、旅行にからめた展開も考えている。

STEP 2　「なぜそう思うのか」を考えて書き出す

・１人ひとりのニーズに合った専門的なサービスを提供したいから。
・体に直接浸透させるオイルの品質にこだわりたいから。

・通常のマッサージとは違う気持ちよさがあるから。
・タイが好きなので、さまざまな面でタイと関わっていきたいから。

STEP 3　テーマコンセプトを決める

・コンセプトは、無農薬のハーブを使った高品質オイルを使う、くつろげるアロマトリートメントサロン。
・専門的なサービスをくつろぎながら気軽に受けられる空間にしたい。

・コンセプトは、タイの文化がわかる、タイ式リラックスサロン。
・マッサージだけでないタイの魅力を広めたい。

STEP 4　コンセプト実現のためにすべきことを書き出す

・最初から専門的なサービスをするのは難しい。はじめてのお客さまでもアロマになじんでもらえる手軽なコースと、長時間コースの2つをメインにする。経営的にもリスクが低い。
・希望者に講習会を開く。

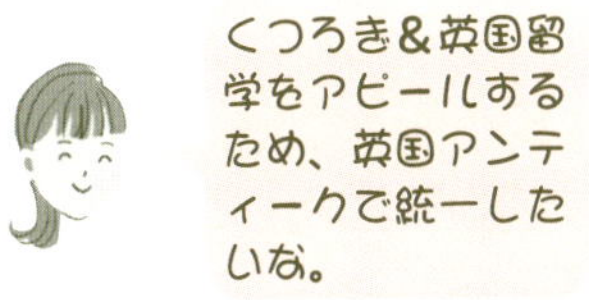
くつろぎ&英国留学をアピールするため、英国アンティークで統一したいな。

・看板などに「通常のマッサージとは違う気持ちよさ」という文言を入れて違いをアピール。
・タイへのマッサージツアー、タイ語教室なども開きたいが、ニーズがあるかどうか不明なので、まずは本業が軌道に乗ることを優先させる。

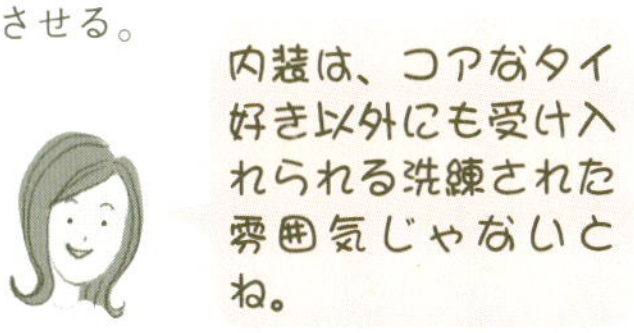
内装は、コアなタイ好き以外にも受け入れられる洗練された雰囲気じゃないとね。

ほぐし
コラム

アロマテラピーの基礎知識

マッサージに使うのはもちろん
香りによるリラックスムードの演出にも欠かせないアロマテラピー。
開業前に、癒し系サロンオーナーとして必要な最低限の知識を
ここでおさらいしておきましょう。

アロマテラピーとは？

アロマテラピーとは、フランス語の「アロマ（芳香）」と「テラピー（療法）」をかけ合わせた言葉です。英語ではアロマセラピーといいます。

香りを病気の治療や気分転換、美容などに利用することは、古くから民間療法として伝承されてきましたが、香りの効用がきちんとした理論として確立されてきたのは、1920年代ごろ、発祥の地はフランスだといわれています。

ただし、アロマテラピーはあくまで代替・補完療法の1つ。治療をうたってアロマテラピーを施術するのは違法行為にあたります。

精油とは？

植物から抽出した100％純粋なオイルが精油（エッセンシャルオイル）です。抽出には蒸留法、圧搾法、油脂吸着法などがあり、使う植物の性質や部位によって適した方法で精油がつくられます。

ローズは1mℓの精油を抽出するのに1000個もの花が必要だといわれることからもわかるように、精油には、植物の成分がぎっしりと凝縮されているのです。

精油にはどんな効果がある？

精油の芳香成分をかいだり肌に塗ることで体内に取り込むと、その一つひとつが血液やリンパ液とともに神経系統や臓器など心と体に働きかけ、多角的に効果を発揮するのです。

精油の選び方は？

精油は薬理作用があるにもかかわらず、日本では雑貨として扱われているため、100％天然でないものも輸入されています。お客さまの肌に直接使用する精油は、100％天然、変質を防ぐ遮光ビンに入っている、抽出された植物名・原産国・抽出方法が明記されている、ビンごとにロット番号が記入され内容成分がわかる、といったことを基準に選びましょう。

サロンでの精油の使い方は？

トリートメントでは、精油をそのまま肌につけるわけではありません。植物性のオイルをベースにして、精油が約1％の濃度になるように混ぜたものを使います。このほか、フットバスにたらす、ルームフレグランスとして使用する、商品として販売するといった使い方もあります。

リラックス系

鎮静効果、リラックス、不眠に効きます。

- イランイラン
- オレンジ・スイート
- カモミール
- クラリセージ
- ラベンダー
- ゼラニウム
- サンダルウッド

リフレッシュ系

不安、憂うつ、ストレスの解消、精神集中など。

- ティートリー
- グレープフルーツ
- ローズマリー
- サイプレス
- ジュニパー
- ユーカリ

※アロマテラピーはホルモンや内臓に作用するので、妊婦、内臓疾患、アレルギー、敏感肌の人へは使用できないものがあります。

第3章

これだけはほしい！知識＆技術

癒しサロンビジネスの基本を身につけよう

いくら癒しサロンが好きだといっても、
だれもが経営できるとは限りません。
自宅を改造したり、出張サービスをしたり、
あまりお金をかけずに
開業する方法はありますが、
たくさんのお客さまの相手をする仕事ですから、
やはり幅広い知識や技術は欠かせません。
ウデが確かで、しかも安心して任されるような
セラピストを目指しましょう。

ビジネスとしての癒し 01

癒しサロンの市場・将来性はどうなっているの？

これから癒しサロンの開業を考える人にとって、サロン市場の規模や将来性が見込めるかは経営するうえで、とても気になるところ。ここでは、癒しサロン業界全体の動向を見ていこう。

潜在的な市場規模は8000億円！

リラクゼーションサロンの市場規模は2001年にはじめて2000億円を超え、年に約110%の成長を続けているといわれます。

市場規模自体は、エステ市場の4000億円、健康食品市場の1兆円と比べると、さほど大きくはありません。しかし、ストレスを受けている人＝顧客と考えると、実際には潜在的に8000億円規模のニーズがあり、巨大市場として化ける可能性を秘めていると予測されています。

この業界の特徴は上場企業がなく、多店舗・FC展開する大手と個人開業者が共存している点にあります。

業界最大手で英国式リフレクソロジーサロンを全国展開するRAJAの年商は、2004年現在で約10億円。一見大きな数字に見えますが、業界全体の2000億円に占める割合はわずか5%。数社の大手が寡占状態にある業界ではないため、新規参入者にもチャンスが多いのです。これは、リラクゼーションサロンのスタッフがセラピストやカウンセラーのような側面を持っているため、顧客は「大手だから安心」というより、お目当てのスタッフに施術してもらうことを重視するためと考えられます。

流行に踊らされないサロンが生き残る

2000年に中小企業総合事業団が行ったリラクゼーションビジネスに関する調査を見てみましょう。

利用者がサロンに求めているのは、頭一つ飛びぬけた「専門性」、スタッフの「ホスピタリティ」、顧客一人ひとりのコンディションを把握し対応する「個別ニーズ対応」の3つです。

流行を意識しつつも、前述の3要素をしっかり確立できるサロンこそ、長きにわたって愛される存在になれるのではないでしょうか。

●潜在需要はまだまだある

UFJ総合研究所が2003年に行った調査によると、利用したことのない施術のなかで、どれなら使いたいと思うかを質問したところ、「興味はある」「必要になったら利用したい」を合わせると、リフレクソロジー、マッサージ、整体とカイロが70%以上、アロマテラピーでも65%以上という高い水準を示した。これらの潜在需要をいかに開拓できるかがポイントだろう。

2,000億円を超えるリラクゼーションビジネス市場

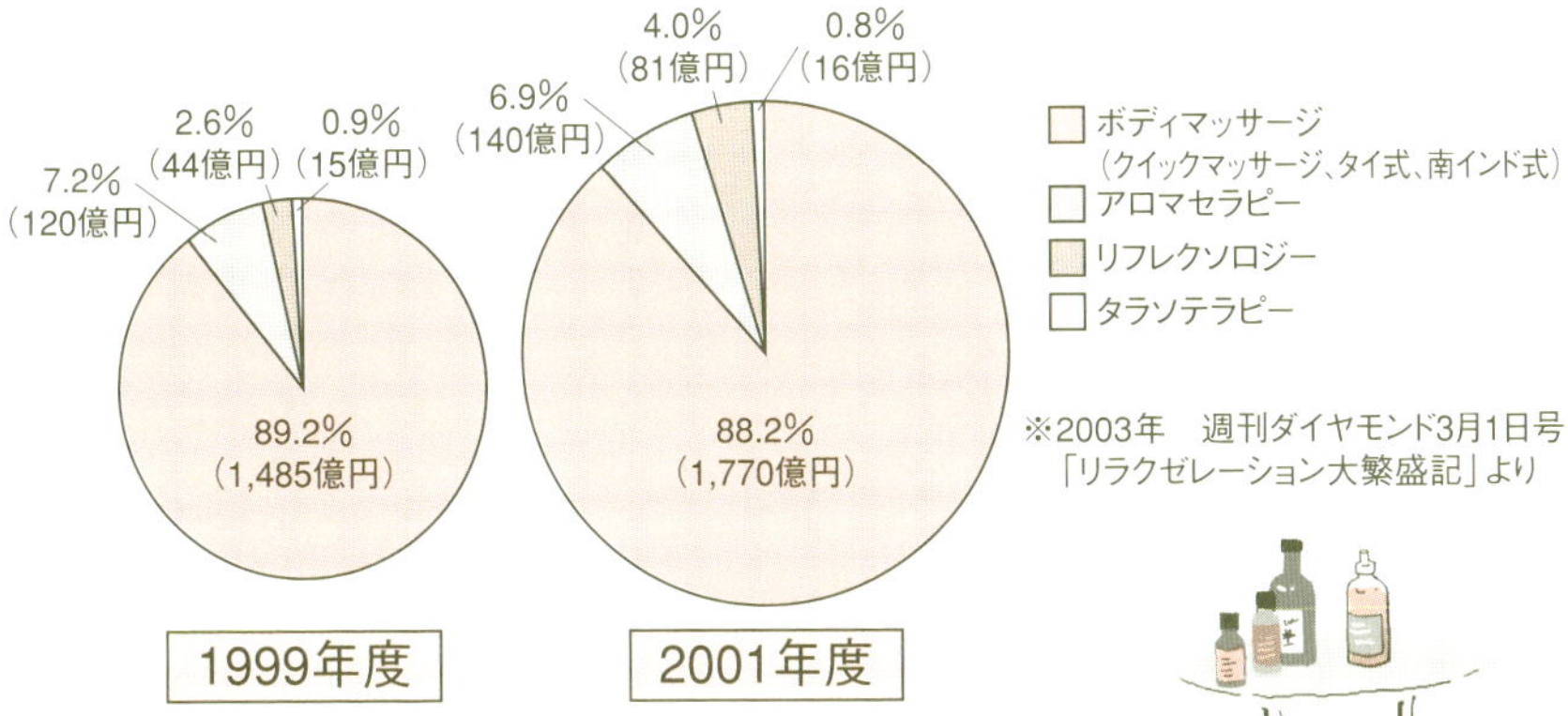

市場規模：1,664億円　　市場規模：2,007億円

※2003年　週刊ダイヤモンド3月1日号「リラクゼレーション大繁盛記」より

利用者がサロンに求めるのは「専門性」「個別ニーズ対応」「従業員のホスピタリティ」

業種	専門性	個別ニーズ対応	従業員のホスピタリティ
マッサージ	84	82	95
アロマテラピー	82	83	96
フットケア	93	90	93

（単位：%）

※利用したリラクゼーション施設を各項目ごとに評価し、「非常に良い」「良い」と回答した人の割合で算出
※2000年度　中小企業総合事業団「需要動向調査報告書」リラクゼーション利用者アンケート調査より作成

リピーター客を集めるには やはり従業員の「質」が問題

お客さまの満足度が高い施設において、その施設を最初に選んだ理由としては「近さ」「コストパフォーマンス」を挙げる人が多いが、その後の評価は低くなっている。一方、最初のきっかけではなかったものの、従業員の「てきぱきした反応」や「対応の公平さ」が高い評価になっている。

これは、「近さ」「コストパフォーマンス」は重要ではあるが、リピーター客を獲得する理由にはならないということ。従業員の態度やサービスの質がよければ、より多くのお客さまを満足させることができるというわけ。サロンの経営方針を考えるときや、スタッフを雇う場合には、十分に気をつけたい点だ。

癒しサロンを開業するメリットとは?

街を歩くと「癒し系サロン 新規オープン」のチラシや看板が次々と目に飛び込んでくる。「ストレス社会だから……」という理由だけでは説明できない開業ラッシュのヒミツを探ってみた。

癒し系サロン開業のメリットとは

癒し系サロンの開業が相次いでいるのは、他業種より開業によるリスクが少ないといわれているからです。

ここでは、癒し系サロン開業の4大メリットを説明しましょう。

①特別な資格がいらない

あんま・指圧・マッサージなどの治療院を開くには、厚生労働省認定の専門学校で3年間勉強し、国家試験に合格しなければなりません。

これに対し、癒し系サロン開業には、基本的に取得が義務づけられている資格はありません。何をどこでどう学ぶかは個人の裁量にまかされます。数カ月~1年ほどスクール通学→アルバイトで実務経験→開業といった道を歩むのが一般的。3年間学校に通わねばならない治療院開業に比べ、準備に必要な時間が少なくて済むことは、他業種からの転身者にとって、大きなメリットです。

②特別な道具や機械が必要ない

マッサージを行うベッドやチェアーのほか、タオル、エッセンシャルオイルなどがあればオープンできてしまうのが、癒し系サロンが増えている理由の1つ。

1000~1500万円前後の保証金が必要な飲食店の開業資金に比べると、たとえサロン専用のスペースを借りたとしても、総予算を低く抑えることが可能です。

③自宅でも開業できる

サロンは、ベッド1台分、6畳程度の部屋があれば開業できます。自宅であれば、内装に手を入れて備品をそろえたとしても、100万円足らずの資金で済むのが魅力です。

④出張サービスもできる

自らの店舗を持たず、ショップやフィットネスクラブのワンコーナーを借りる出張サービスからはじめる方法なら、サロンスペースの家賃、維持費が不要でノーリスクです。

●特別な資格はいらないが…

特別な資格はいらないとはいっても、お客さまに満足してもらうためには、技術力の向上は不可欠だ。「スクールで学んだから、もう大丈夫」などと思っていてはダメ。開業後も自分を磨く努力を怠らなかったサロンだけが人気サロンとなりえるのである。どの業種にもいえることだが、サロン業界ではとくに、「常に精進が必要」であることを忘れずに。

癒しサロンは飲食店に比べ、こんなに小資本＝開業リスクが低い！

	自宅にて１人でアロマテラピーサロンを開業	マンションに専用スペースを借り、３名のスタッフを雇ってバリエステ開業	雑居ビルの居抜き物件を借りて３名のスタッフを雇い飲食店を開業
保証金	なし	約80万円	約500万円
内装費	約50万円	約100万円	約200万円
広告費	約30万円 （チラシ代）	約30万円 （チラシ代）	約60万円 （チラシ代、HP作成の依頼費など）
スタッフ教育費	なし	約20万円 （5万円の研修コース×3名）	なし
備品	約10万円 （オイル、タオル、フットバスなど）	約15万円 （クリーム、オイル、タオルなど）	約20万円 （食器・什器類など）
設備	約10万円 （ベッド１台、照明）	約30万円 （ベッド３台、籐のソファセット、壁紙、照明）	約20万円 （冷蔵庫など）
合計	約100万円	約265万円	約800万円

※取材事例などをもとに作成。

内装費などを抑えればもっと低コストで開業可能！

スタッフを雇っても初期投資が300万円以下！

開業後のコストを忘れずに

サロンの開業資金は、他業種に比べれば、かなり安く抑えられる。しかし、いざ開業すると、意外なところで経費がかかってくる。

わかりやすいところでは水道・光熱費。清潔・快適が基本の商売だから、洗濯やクリーニングはこまめにしなければならず、洗剤代とクリーニング代もかさむ。洗濯機も一般家庭よりは故障も早いし、その以外の設備も故障すれば買い換えなければならない。また、施術メニューにもよるが、タオルの消耗は意外と激しいことも忘れてはならない。そのほか、清潔感を損ねないためにも、カーテンやシーツなどのリネン類の交換費用も計上すべきだし、5年もたてば壁紙やじゅうたんの張り替えも必要になる。どこかの協会に入会すれば、その年会費もバカにならない。そして、知識を増やし、技術を磨くための、セミナーや講習の受講費、交流会などの参加費なども必要になってくる。

経費はどれくらいかかるのか、開業資金の低さばかりに気を取られないようにしよう。

healing wave

癒しミニ講座

こんなにある！ 開業方法のいろいろ

サロンをどういう形でオープンするかは、じつに千差万別です。
ここでは「開業場所」と「開業スタイル」ごとに
それぞれの開業方法の特徴を見ていきましょう。

開業場所

自宅で開業

自分の持ち家やマンションを使って開業するケースです。物件取得費や家賃が不要なぶん、開業資金が少なくても開業でき、大家に気兼ねせず、内装を思いのままに工事できます。一方では、お客さまに生活感を見せないような工夫をしないと、せっかくの癒されたい気分を台無しにしてしまいます。またサロン営業が家族の生活に影響を与えることもありますので、家族の協力が不可欠です。

Natural Happy内観

自宅開業のため、開業資金や工事費も0円で済んだ「Natural Happy」。

Energy Fieldのシャワールーム

トリートメント室として使っているリビングに、シャワールームと洗面所を造設。思うままに内装工事ができるのは自宅開業ならでは。

マンションで開業

自宅以外の住宅用マンションで開業するケースです。商業ビルのテナントになるより家賃が安く、住宅用物件なのでアットホームにくつろげる雰囲気があります。ただ、営業用としての使用、看板の掲示などを禁じられることもあるので要注意。個室で1対1のサービスとなるため、セキュリティ対策も欠かせません。

コンサルテーションスペース

トリートメント室

エントランス

トリートメント専用スペースを広く取れるのが、自宅以外にサロンを構えるときのメリット。70㎡のマンション内にトリートメント、コンサルテーション、事務と、それぞれに専用スペースを取っている用賀の「comfort table」のような例も。

開業スタイル

テナントで開業

人通りの多さ、アクセスの良さが望め、周辺の商業施設との相乗効果で客数が増える可能性があります。一方で、条件のいい物件ほど、家賃や保証金が高額という現実が。必ずしも駅に近く、周辺がにぎやかな物件が、自分の開きたいサロン像とマッチしているとは限らないので、よく検討しましょう。

施設内で開業する

ホテルやスーパーなどにワンコーナーを設けてもらい開業する、スポーツ施設などへ定期的に通って出張サービスを行う、といったスタイルの開業方法です。店舗を借りる必要がないため、開業リスクが低いのがメリットですが、自分で各施設に営業をかける必要があります。

1人で開業

スタッフを雇う、雇わないに関わらず、自身がオーナー兼セラピストとなるケースです。自分の思い通りの店づくりができる反面、すべての判断を1人で下さなくてはならないつらさもあります。

同業者と開業

同業者との共同経営をするケースです。自分はアロマ、相手はカイロなど、互いに得意分野を生かして集客できる点はメリットですが、どちらかに客が集中したり、お金の管理があいまいだと、トラブルの原因にもなります。

他業種とのコラボで開業

横浜の「pierna」のように、カフェとスペースを共有して開業する方法もあります。カフェや雑貨店など、客単価が低く入りやすい店とのコラボは、敷居の高いイメージのあるサロンに足を踏み入れるきっかけとなります。ただ、「同業者と開業」と同じような問題が生じるのは避けられません。

カフェ＆コンテナガーデン「工房アイビー」を併設し、立ち寄りやすい雰囲気となった横浜の「pierna」

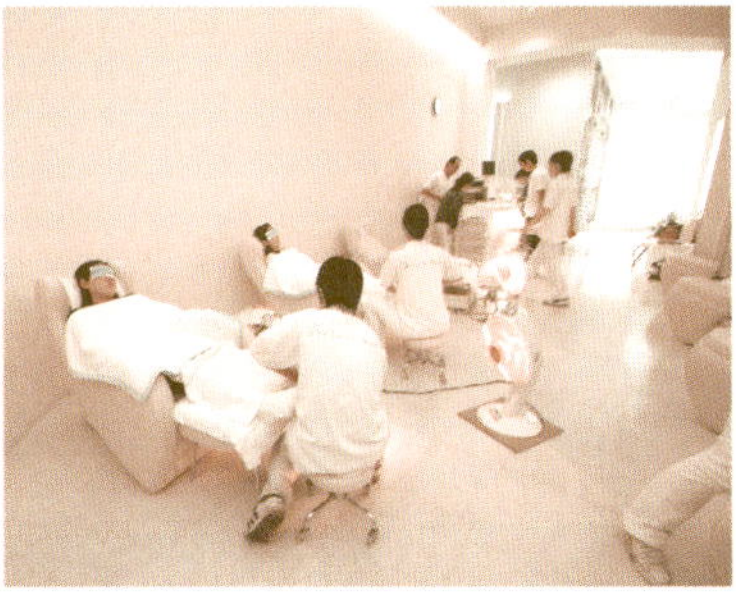

「Natural body宇都宮店」のように、サービスや技術に関する講習も多く、スタッフが均一なテクニックを習得できるのも、ＦＣ店の魅力。

フランチャイズで開業

フランチャイズ加盟は、開業に関するすべてをバックアップしてもらえる安心感、仕入れ費用が抑えられるなどのメリットがあります。反面、加盟金やロイヤリティは高額ですし、経営が立ち行かない場合はもちろん自己責任が問われます。

ビジネスとしての癒し 03

癒しサロンの収支はどうなっている？

サロンを維持していくためには、事前に収支の見通しを立て、お金のかけどころ、削りどころを考えることが大切。ここでは、サロンの収支をさまざまな角度からシミュレーションしてみた。

サロンの収支は家賃と人件費しだい

一般に、癒しサロンはより多くの客数をこなすほど売り上げがアップするビジネスです。

メニュー料金の相場は、セラピストの人件費をベースに設定されているので、多少の額差こそありますが、おおよそ10分1000円、30分3000円、60分6000円程度です。1時間6000円のコースを5人こなしたら3万円、10人なら6万円の売り上げです。

ただし、来店客数はいざ開業してみないとわからないため、開業間もないサロンの収支は、家賃と人件費に大きく左右されます。

つまり家賃が高いところで開業すれば、売り上げを上げるために客数を多くこなす必要があり、スタッフも多く雇わなければなりません。

スタッフは正社員とアルバイトのどっちがいい？

ところが、スタッフを雇うにしても、アルバイトか正社員か、予約が重なった時間帯だけ呼ぶか、1日常駐してもらうかで、大きく人件費が変わってきます。

サロンの正社員の給料は、固定給約15万円＋歩合制＋社会保険、アルバイトは時給1500円程度、というのが一般的です。

正社員1人にかかる給料と経費を合わせて20万円とすると、月に33人以上の客をこなさなければ利益が出ないのです。ひと月25日間の営業なら1日に1～2人の計算です。

コストの面から見てみると、小規模サロンであれば予約が重なったときだけに来てもらうスタッフを探すのが現実的かもしれません。

ただし、信頼できる技術をもったセラピストを確保するには、正社員が望ましい場合もあります。経営が軌道に乗ってきたら、検討してみる価値はあるでしょう。

■物販で売り上げ強化？

なお、収支をプラスに転じるためにぜひ考慮したいのが、サロンの一角などに物販コーナーを設けることだ。

トリートメントサービスと違い、精油やホームケア用のマッサージオイルの販売には人手がかからない。在庫を抱えすぎないようにして、魅力ある商品をラインアップすれば、売り上げ強化につながることも。ただし、お客さまに強引におすすめするようなことは禁物だ。

自宅開業で従業員なしの場合の収支見通し例

	項目	金額（円）	備考
売り上げ	トリートメント	375,000	客単価5,000円×月間顧客数75人（1日顧客3人×営業日数25日）
	物販	20,000	精油1ボトル2,000円程度×10本
経費	人件費	0	オーナーは含まず
	家賃	0	
	光熱費	50,000	
	消耗品	50,000	精油、オイルなど
	宣伝費	10,000	手づくりチラシなど
	雑費	50,000	技術研修費積み立てなど
月間粗利益		235,000	

家賃がないぶん、人を雇わなくてもやっていける。

多い額ではないが、勉強のための研修費に回せるため貴重。

自宅外のマンション開業で従業員1人の場合の収支見通し例

	項目	金額（円）	備考
売り上げ	トリートメント	900,000	客単価6,000円×月間顧客数150人（1日顧客6人×営業日数25日）
	講習会	50,000	1回1万円×5人定員
	物販	50,000	精油1ボトル2,500円程度×20本
経費	人件費	230,000	正社員1人
	家賃	150,000	約$30m^2$のワンルームマンション
	光熱費	50,000	
	消耗品	100,000	精油、オイルなど
	宣伝費	30,000	地元のタウン誌などに広告掲載
	雑費	50,000	技術研修費積み立てなど
月間粗利益		310,000	

経営が軌道に乗れば、宣伝費はゼロになる可能性も。

月に38人以上の顧客を施術すれば売り上げ増に貢献。

人を雇った分、講習会なども実施できる。

※売り上げ－経費＝月間粗利益

リピーターになってもらうには技術力とあなたの自信が必要!

サロンで働く人のほとんどが、スクール卒業後、プロになっているというのがこの業界の現状。スクールで本格的な指導を受け、自分の腕に自信を持つことがサロン開業への第一歩だ。

独学ですべてを習得するのはかなり困難

癒し系サロンに必要な知識は、エッセンシャルオイルの種類や効能や足つぼなどの専門分野から、解剖生理学、衛生学、栄養学など人体に関することまで広範囲にわたります。さらにトリートメントや接客態度などの技術も加わり独学で究めるのはかなり困難。そこで一定のカリキュラムのもと指導を行っているスクールに通うことは、サロン開業への近道ともいえるでしょう。

スクールには、プロとして仕事をしながらスキルアップのために通う人も多く、現場のリアルな情報が手に入るといったメリットも。まず資料を取り寄せ、無料体験講座があれば積極的に足を運んでみましょう。

●スクールの種類

協会の認定校になっているスクール、サロンショップ直営のスクール、個人教室などがある。

●講習期間

単発のセミナーから、1週間程度の集中講座、数カ月~1年の通学コース、通信教育などにさまざま。

●コース

レベル別にコースを設定しているスクールが多いので、サロン開業をめざすならプロを養成する上級コースを選択しよう。なかには基礎コース→上級コースと段階をふまなければ受講できないスクールもある。

●授業内容

学科で専門分野に関する知識や、解剖学、心理学、衛生学など、実技でトリートメントや接客態度、カルテの書き方などを学ぶというのが主流。

●授業料

各スクールによってばらつきがあるが、アロマセラピストで30~60万円、リフレクソロジストで30~70万円が平均的。

●資格

修了後、試験に合格すると、スクールや協会(団体)独自の資格が取得できる場合が多い。

■認定校とは?

独自のスタイルや資格制度を持ち、各分野の研究や普及活動を行っている団体や協会がいくつかある。それらの考えをもとに指導を行っているスクールを「認定校」として定めている。資格取得をめざすなら、どの団体(協会)の認定校かがスクール選びの重要ポイント。

■留学も視野に入れよう

イギリスやインドネシア、タイなど現地のスクールやスパで、学科と実技を学ぶ。いきなり長期留学もいいが、日本で学んでから、またサロンを開業してから、短期留学をスキルアップに活用するという手もある。本場の技術を学ぶことは技術力の向上とともに、あなたの自信になるはずだ。海外留学を推奨するプログラムを組んだスクールもあるので、検討してみよう。

スクール選びのポイント10

めざす分野はなに？

アロマテラピスト、リフレクソロジスト、ネイリストなど、自分は何になりたいのか。リフレクソロジストであれば、西洋式か東洋式か、など自分の目的をはっきりさせる。

スクールの種類は？

協会の認定校か、サロン直営のスクールか、個人の教室か？

期間はどれくらい？

短期か、長期か、通信講座か。短期コースでも、同じカリキュラムを週1回6カ月で終了するか、週2回3カ月で終了するかなど違いがある。

プロになれるコースか？

レベル別にコースを設定しているスクールが多いので、サロン開業をめざすならプロを養成する上級コースを選択しよう。

資格は取得できるのか？

スクールによって取得できる資格は違う。資格取得を視野に入れているなら、どの協会（団体）の認定校なのかは要チェック。試験を受ける際、試験科目免除などの特典も忘れずに確認しよう。

講師の質は？

資格を持っている、サロンでの実績があるなど、講師は確かな知識と技術を持っているか。授業料を払ってからでは遅いので、前もって信頼できる人かどうかを要チェック。

生徒の数は？

人数が多いと、きめ細かな指導が受けられないので少人数制が好ましい。トリートメントなどの技術講習のしかたはきちんと確認。

修了後のフォローは？

修了後も、スキルアップの講座を開いているとか、精油やパウダーなどの仕入れに協力してもらえる、開業に関する相談を受け付けているなど、フォロー態勢は整っているか？

受講料はいくらか？

高すぎるのはもちろん、安すぎるというのも内容がしっかりしているのかという点で不安だ。いくつか比較して平均値を把握しよう。

自分の考え方にあっているか？

たとえばエッセンシャルオイルひとつをとっても、スクールによってさまざまな考え方がある。自分の志向にあったスクールを選ぼう。

通信教育の選び方のポイント

通える場所にスクールがない、子育てをしているので自分のペースで学びたいなど通学できない人には通信教育がおすすめ。本人のやる気があれば通信教育でも十分プロをめざせる。

ただし、テキストだけ送られてくるような簡易なものはNG。実技のビデオ、精油、パウダーなどがついている、通信教育の人を対象に実技指導の講座を設けている、学習相談窓口を設けているなど、とくに技術面に関して柔軟に対応しているスクールを選ぼう。

技術を学ぶ 02

自分の技術をアピールするためにも資格を取得しよう

あんまや指圧師などの国家資格とは異なり、資格がなくてもサロンは開業できる。しかし、自分の自信も社会的信頼も大きく違ってくるので、ぜひとも取得しておきたい。

サロン開業に資格は必ずしも必要ではない

知識や技能の資格は、国が認定する「国家資格」（公認会計士、医師など）、それに準ずる「公的資格」（簿記検定や秘書技能検定など）、民間団体が認定する「民間資格」の3種類があります。

癒し系サロンの場合、これは民間資格にあたりますが、これは必ずしも必要な資格ではありません。

サロンを開業するにあたって、資格がなくても法的にはまったく問題ないということです。

必ずしも必要ではありませんが、やはり取得しておいたほうが有利なことには違いはありません。資格取得のメリットを見ていきましょう。

資格取得にはどんなメリットがある？

第1のメリットとしては、社会的な信頼を得られます。資格があるとないでは、周囲の見方も変わってきますので、個人でサロンを開くにはやはり必要といえます。

次に、協会のバックアップが得られるというメリットがあります。資格を取得し、協会の会員になると備品の仕入れや実技の講習会など、後々までフォローしてもらえます。また業界の最新情報がはいってくるので、時代の変化に対応したサロンを維持できるようになります。

資格をとるのなら、独学で取得するのは難しいので、スクールやサロンに通ったほうがいいでしょう。

なお、これらの資格は、それぞれの協会やサロンが独自に認定しています。たとえばアロマセラピストを例にあげると、社団法人日本アロマ環境協会の認定する資格と日本アロマコーディネーター協会の認定する資格では別のものですので、注意が必要です。

■開業するならプロ資格

団体によっては、個人で楽しむ程度のレベル、スクールの講師になれるレベル、プロとして独立できるレベルなど、複数の資格を設定している場合がある。独立を考えているなら、もちろん各団体が定めるトップレベルの資格取得をめざしたい。

また、アロマテラピー、リフレクソロジー、ネイルなど複数の資格を持つことで、リラクゼーションをトータルに提供できるサロンになる。

おもな協会と認定資格

社団法人日本アロマ環境協会（AEAJ）

認定資格

- アロマテラピーアドバイザー
- アロマテラピーインストラクター
- アロマセラピスト

http://aromakankyo.or.jp/

日本リフレクソロジスト協会（RAJA）

認定資格

- リフレクソロジスト
- ロミロミ・セラピスト
- ピュリファイ・セラピスト
- ドッグ・セラピスト

http://www.raja.co.jp/

国際アロマセラピスト（IFA）

認定資格

- アロマセラピスト（国際ライセンス）

http://www.ifaroma.org/japan/

カウンセリングパーソナルヒーリング協会

認定資格

- 心理カウンセラー
- アロマセラピスト

http://www.personal-ha.com/counseling.html

日本リフレクソロジスト認定機構（JREC）

認定資格

- リフレクソロジスト

http://www.jrec-jp.com/

英国ITEC

認定資格

- アロマセラピスト（国際ライセンス）

http://www.itecworld.co.uk/

英国IFR

認定資格

- リフレクソロジスト（英国IEB認定・国際ライセンス）

http://www.refle.co.jp/（日本支部）

NPO法人ロイヤルリフレクソロジー協会（RRA）

認定資格

- リフレクソロジスト
- エステセラピスト
- フスフレーガー

http://www.royalrefle.org/

日本ネイリスト協会（JNA）

認定資格

- ネイリスト1級・2級・3級。1級は国際ライセンスに相当

http://www.nail.or.jp/

ナード・アロマテラピー協会

認定資格

- アロマ・アドバイザー
- アロマ・インストラクター
- アロマ・トレーナー
- アロマセラピスト　ほか

http://www.nardjapan.gr.jp/

ほぐしコラム 知識・技術を修得するにはどれくらいお金がかかる？

ここでは、開業できるだけの技術を身につけられる
カリキュラムを前提として、代表的なセラピーの受講費の平均を表にしました。
しかし、安いからダメとも一概には言えません。最終的にはあなたの眼力しだいです。

アロマテラピー
Aromatherapy
17万～25万円

リフレクソロジー
Reflexology
16万～25万円

リンパドレナージュ
Lymph drainage
10万～18万円

アーユルヴェーダ
Ayurveda
28万～36万円

バリエステ
Bali esthe
25万～35万円

ロミロミ
Hawaiian Lomi Lomi
18万～25万円

タラソテラピー
Thalassotherapie
27万～42万円

ストーンセラピー
Stonetherapy
5万～10万円

フィトテラピー
Phytotherapy
16万～20万円

カラーセラピー
Colortherapy
11万～15万円

レイキヒーリング
Reiki healing
9万～12万円

留学すると、お金はいくら必要？

スクールによっては、海外のスクールと提携を結び、留学を奨励しているところもある。いくつかのスクールの例を見てみよう。ただし、なかには通訳がつかないところもあるので、語学に自信がない場合は、よく確認しておくこと。

- タイマッサージ協会
  タイ1週間：12万円（航空費別）
- インド文化協会
  インド1週間：40万円
- バリエステスクール
  バリ島1週間：14万2,000円（航空費別）

第4章

開業資金&物件探し〜設計プラン

オープンに向けて準備をはじめよう

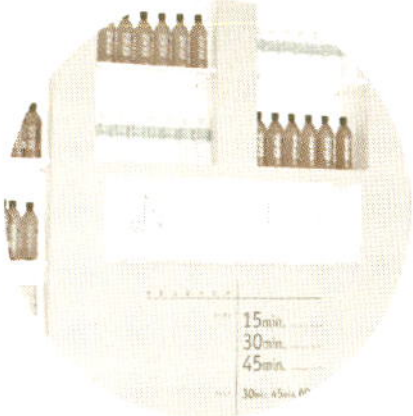

このお仕事は、少ない資金でも独立できるのが魅力のひとつ。それを生かすのは、しっかりした開業プランです。
「ゴッドハンド」「ブッダハンド」を持つすご腕のセラピストなら、どんな場所でオープンしても交通の便に関係なく、数多くのお客さまが来るでしょう。
でも、はじめてお店をオープンするときは、やっぱり立地と物件選びはじっくり考えたいところ。
セオリーをしっかり押さえ、開業準備をスムーズに進めましょう。

癒しサロンを開くためにはこんなことにお金がかかる

サロンのスペース取得、改装、備品や設備など、開業するにあたっての費用といってもさまざま。いったいどれくらい用意すればいいのかをチェック！必要資金にはどんなものがあるのかを考えてみよう。

開業するには、何に、いくらかかるの？

開業に必要な費用は、一般的に①技術習得費、②物件取得費、③内装や外装工事費、④備品代、⑤設備費、⑥広告宣伝費などがあります。

最初に考えなければならないのが、技術習得費です。第3章でもお話ししましたが、技術習得のためにはほとんどの人がスクールへ通って、基本を学びます。その費用は数万円のところもありますが、だいたい3～6カ月のコースで40万円前後の場合が多いようです。

次に必要なのが、物件取得費用です。自宅で開業する場合はこの費用は発生しませんので、人によって必要費用は０円から数百万円と千差万別です。

内装や外装工事、備品代、設備費なども同様です。インテリアに工夫を凝らし、雰囲気づくりにお金をかける人であれば、数百万円の資金が必要ですが、最初はごくごくシンプルに、必要なものだけで始めたいという人であれば、１００万円以内で開業することも十分可能です。

広告宣伝費に関しても、ホームページを自分でつくって、そこから集客をスタートする人もいますし、最初から、お金をかけて格好いいチラシをつくり、ポスティングなどによって告知する人もいます。

自己資金としていくら用意すればいいか

癒し系サロンの場合、ほかの業態と大きく異なるのは、工夫しだいで開業資金をいくらでも節約できるということ。どうしても必要だというものが比較的限られているからです。

では、自己資金としてどれくらい用意しておけばいいのか？　少なくても１００万円程度あれば、十分にスタートは可能といえます。実際、ほとんどの人がこれぐらいの自己資金で開始。借金をせずに始める人が多いようです。

サロン開業に必要な資金をまとめよう

●備品代（→P124）

エッセンシャルオイルやアロマポット、そのほか、ワックスやハーブ、バスタオルやおしぼりなどさまざま。ホットストーンセラピーやカラーセラピーをメニューに加えれば、それらに必要な備品も必要になります。これらは一気にまとめて購入するよりは、スクールなどで技術を習得しているうちから、いろいろそろえていくパターンが多いようです。

●技術習得費（→P122）

セラピストとして必要な技術、知識を習得するためにスクールへ通った場合、その費用は数万円から高いところだと数百万円と、ピンからキリまであります。一般的には、3～6カ月で40万円前後の講座を開設しているところが多いようです。

●設備費（→P124）

今回、第1章に登場していただいたサロンの多くは、スクールへ入学した時点ですでにベッドは購入。「練習のため必要だったから」という方が大半でした。それ以外に、家具やインテリアなどにこだわりたい人は、それらにお金をかけています。どこにお金をかけるのかによって金額に差があります。

●店舗取得費（→P123）

店舗を借りたり、あるいはマンションの一室などを借りる場合には、敷金・礼金、家賃などの費用が必要になってきます。家賃は、繁華街、ビジネス街、住宅地、商店街など立地によって異なりますが、売り上げの10％と考えるのが一般的です。

●広告宣伝費

ホームページを自分でつくるだけの場合、ほとんどお金はかからないのですが、多くはチラシを刷ったり、ホームページ作成を業者に委託したりします。チラシの場合も、安いところで2～3万円という人もいれば、十数万円かけたという人も。チラシに関しては、最初はお金をかけず、パソコンで自作という人も多いようです。

●内装工事費

「アジアンテイストの店舗にしたい」「POPな雰囲気にしたい」など、人によって、店舗イメージは実にさまざま。それぞれの“思い”と“こだわり”によって、内装工事費の金額は変わってきます。自宅開業のほうが、内装工事にお金をかけてしまいがちです。

お金の準備
02

知識・技術習得費は初期投資と思い、将来のため、出費を惜しまない！

セラピストとして、どれだけの技術力があるのかでお客さまの満足度は高くも低くもなる。当然のごとくリピート率も変わってくる。技術習得費はまさに初期投資と考えたほうがいいだろう。

技術力を身につけるための費用は？

癒し系サロンに一番必要なのは、まず「技術力」です。どんなにオリジナリティあふれるお店でも、技術力がなければ話になりません。

技術は大半がスクールで身につけますが、費用は施術・セラピー内容と学ぶ期間によって異なってきます。

たとえば、リフレクソロジーの場合、講座の期間は約3カ月から1年。費用は約20～50万円前後になります。フーレセラピーやドイツ式フットケアのポドロジーなども、だいたい3～4カ月から1年程度の期間で30万円くらいから50～60万円程度といったところ。アロマテラピーの技術や知識を習得するスクール費用はだいたい30～60万円が目安といえます。タラソテラピーは30～100万円くらいが相場。ネイルは3～6カ月の期間で40～100万円程度が一般的です。

一方、それよりやや学習期間が長く、費用も高めなのが整体やカイロプラクティック。いずれも技術習得に2年は見ておいたほうがよく、費用も50万円から高いところでは250万円程度になります。しかし、カイロプラクティックなどで習得できる知識や技術は、時代のニーズにも合致しており、将来性もあります。初期投資として学んでおくと、後々自身の大きな武器にはなるはずです。

開業してからも技術力を磨かなければならない

ただ、1つの分野だけの技術や知識だけではなく、より幅広い知識を習得したり、あるいは自分の専門としたい分野をさらに奥深く理解を深めたいというセラピストの多くは、卒業後も各種セミナーを見つけては勉強しており、それらの費用もかなりかかります。切磋琢磨したいと思えば思うほど、お金がかかる。それが癒し系サロン開業の大きな特色かもしれません。

お金の準備 03

いよいよ店舗物件を決定。相場はどれくらいだろう？

どんなサロンにするかで、かなり差がある店舗取得費用。店舗物件に必要な費用の相場を見ていこう。

初期費用は場所や広さによっていろいろ

店舗を借りるときに必要となる初期費用には、家賃1カ月分、不動産仲介手数料（家賃1カ月分）、礼金、保証金（敷金）などがあります。店舗用として借りる場合、権利金が発生したり、一般の賃貸住宅よりも保証金がかかることもあります。

賃料は場所や広さによって、かなり変わってきますので、いちがいにいくらとはいえません。店舗物件周辺の相場を調べ、自分なりに妥当と思える価格を決めておきましょう。

たとえば、AQUAの岩崎さんはマンションのワンルームを借りてサロンを開業。一般住居用のため不動産関係の初期費用は約60万円程度かかりました。

70㎡超の物件を借りたcomfort tableの菊地さんは、家賃だけで毎月20万円以上。最初に賃貸契約を結ぶ際には、100万円以上の経費がかかったといいます。

いずれにしても、個人で開業する場合、不動産関連の初期費用は、人気の一等地でもない限り、300万円もあれば足りるでしょう。店舗取得費の面から見れば、ほかの事業を開始するよりはかなり低予算で始められます。

店舗取得は自宅か借りるかで大きく異なる！

①自宅の場合

0円～100万円前後

そのまま自宅の一室をサロンにすれば、基本的に取得費用はゼロ。ただし、お客さまに生活臭を感じさせないようにするため、サロンと自宅部分を分けるような多少のリフォームは必要になるかも。

②マンションなどを借りる場合

60万円～200万円前後

広さや場所によって店舗取得費はかなり違ってきます。ワンルームで月10万円程度の物件なら50～60万円くらい。路面店などいわゆる“店舗物件”を借りるとなると、さらに資金は必要になります。

③フランチャイズの場合

約100万円～1,000万円以上

加盟金や保証金、内装・什器備品、研修費、開店指導料、商品仕入れ代などすべて含むと、なかには2,000万円以上かかる場合も。それだけに開店後のフォロー体制が万全なところを選びたい。

④出張サービスの場合

0円～

美容院やカフェ、ネイルサロンの一角を借りて、出張サービスで展開できるのも癒し系サロンの特色。この場合、店舗取得費は0円で始められます。本当に資金がない場合は、考えてみるのも手です。

お金の準備
04

サロンに必要な備品や設備などは、できる範囲でそろえていこう

施術ベッドはもちろん、フットバスやアロマオイルなどといった、必要不可欠なものもあればオーナーのこだわり具合で異なるのがインテリアや家具類。あまり無理せず必要なものからそろえたほうがいいだろう。

サロンの〝こだわり〟によってそろえる備品も違ってくる

メニューによって違ってきますが、備品として必要なものには、エッセンシャルオイル、マッサージクリーム、施術ベッド、フットバス、施術用タオルなどがあります。とくに自分の好みのエッセンシャルオイルに〝出会う〟には、時間もかかるし、お金もかかります。第1章で紹介したサロンでも、お気に入りに行き着くまで、さまざまなオイルにチャレンジしたとか。また、インテリア類に費やすお金は人それぞれ。どこまでこだわるかによって異なります。

備品・設備にかかる費用

備品	金額	備考
エッセンシャルオイル	3万円～	多くのセラピストは、さまざまなオイルにチャレンジして“お気に入り”を決めています。仕入れはインターネットを利用している人がほとんど。なかには海外から直接購入している人もいます。
フットバス	約3万円	リフレクソロジーやアロマトリートメントなどに必要なのがフットバス。施術前に足を温めることで、より血行を促すためです。購入はインターネットで調べたり、スクールに相談したりするとよいでしょう。
施術用ベッド	約5万円～	アースライト社の木製のベッドを使用している人が多いようです。取材した方々の多くが折り畳み式のものが便利だと話していました。雑誌やインターネットなどで調べて、実際にまず自分で寝てみて決めるのが得策と言えます。
ベッド用シーツ	数千円～	ベッド数は1台だとしても、クライアントが変わるごとに洗いたてのものに代えていく必要があるため、数枚用意されていたほうがいいでしょう。
施術用タオル	数千円～	タオルに関しては、さほど費用はかからないものの、10～20枚以上は通常のタオル、そしてバスタオルも必要になってきます。あと、意外に必要不可欠なのが布おしぼり。飲食店で利用している業務用のホットボックスをレンタルもしくは購入し、施術後にアロマ拭き取りなどに利用している人も多くいます。
テーブルセット	1万円～ 数十万円	コンサルティングや、ウェイティングのために必要なのがテーブルセット。お客さまに本当にくつろいでほしいと思い、雰囲気も演出したいと思うなら、自身のこだわりにあった上質の家具を選ぶ必要がありますし、さほど必要がないと思えば、簡易的なもので済ますことも可能です。
広告宣伝費	約2万円～	DMやチラシの印刷などを考慮して、最低でも10万円くらいは見積もっておいたほうがよさそう。もちろん、154ページで説明するように自分でホームページをつくったり、パソコンで作成したりする場合は、かなりの低予算で済ませることが可能です。
そのほか	数千円～	カーテン、棚、ワゴンテーブル、ソファなどは予算と自身のこだわり具合によって、費用の目安も変わってきます。

第4章

お金の準備
05

当面必要な運転資金は、売り上げ予測から算出しておこう

開業に必要な資金は少なくても、なるべく多く見積もっておきたいのが運転資金。予定どおりの集客があればいいが、必ずしも思うようにはいかないもの。

癒しサロンは売り上げの予測を立てにくい

「1年目は、オープン記念として半額チケットを配ったりしたので、思っていた以上の集客と売り上げがありました。でも、半額をやめたらパタッと客足が途絶えて。だから2年目はかなり苦しかったんですよ」

と話してくれたのは、incondition の関口さん夫婦。以来、半額で来てくれるお客さまではなく、自分たちの〝腕〟を信頼して訪れてくれるお客さま、そしてリピーターを大事にしていきたいと意識するようになったといいます。

ほかの商売に比べて、開業資金がかなり低予算で済む癒し系サロン。しかし、売り上げ予測が立てにくい商売でもあり、それだけに重要になってくるのが運転資金なのです。

運転資金があれば気持ちにも余裕ができる

アロマトリートメントの場合、施術料は1人のクライアントに対して、90分1万円前後が一般的。1人で開業しているセラピストの場合、1日に施術できる人数が3人と考えると、1日の売り上げは3万円。1カ月25日営業しても、必ずしも毎日3人のクライアントの予約があるわけでもないので、1カ月の売り上げにはばらつきが出てきます。

とくにオープン当初から1〜2年は売り上げの予測がつかないだけに、運転資金として多少蓄えを持っておいたほうがいいでしょう。

何よりセラピストに必要なのは精神的なゆとり。お金がないからと気持ちに余裕がないと、そのマイナスな気持ちがお客さまに伝わり、満足してもらえる施術を提供できなくなってしまいます。おのずとお客さまも離れていきます。

それだけに、あまりお金の心配をしなくても済む体制を整えておくことが肝心です。

施術メニューの収入相場

リフレクソロジー	50分	5,000円〜
アロマトリートメント	90分	10,000円〜
ネイルアート	1本	200円〜
フェイスケア	60分	70,000円〜
マッサージ	30分	3,000円〜

資金の調達方法も計画しよう。資金面の研究は重要だ！

癒しサロンは比較的低予算で開業できるとはいえ、やはり資金計画は大事。自分がどんなサロンにしたいかで、予算の組み方も変わってくるのでよく研究しておきたいところだ。

お金を借りるのも1つの方法

comfort tableの菊地さんは、会社を経営する知人に融資をしてもらい、開業資金を確保するとともに、知人の会社を通して法人契約しました。必要資金400万円のうち、約半分が自己資金、残り半分を融資金でまかなったわけです。

資金の調達方法は、①出資を受ける、②融資を受ける、③もらう、④自己資金の大まかに4つに分かれます。癒し系サロンは比較的予算が少なくて開業できる事業形態のため、大半の人が自己資金でまかなっています。

しかし、菊地さんのように若干でもお金を借りるのも1つの手です。お金を借りるメリットは、多少なりとも「それを返せるよう頑張ろう」と、事業者としての責任が芽生える点にあります。重荷になるほどの多額の借金は決してオススメできませんが、多少であれば、ほどよい緊張感を保ちながら、日々の業務に取り組めます。

「売り上げが上がらなくても、まあいいか」ではなく、「どうすれば売り上げを上げられるか」という意識があるかないかも、サロンを継続して展開していくうえで、実はとても大事なことなのです。

資金の調達方法

出資を受ける
- 民間のベンチャーキャピタル
- 政府系機関や自治体からの出資制度の活用
- 家族や知人、友人からの出資

自己資金
- 預貯金、退職金、株券、各種有価証券、不動産、自動車、各種積立金など

融資を受ける
- 国民生活金融公庫から借りる
- 銀行や信金、信組など民間の金融機関からの融資
- 政府系機関や自治体からの融資
- 家族や友人、知人からの融資

もらう
- 国や自治体の補助金制度への応募
- 起業コンテストへの応募
- 趣旨賛同者からの寄付
- 家族からの支援

ほぐしコラム

国民生活金融公庫でお金を借りる方法

国民生活金融公庫は、政府系金融機関。
数十万円から数千万円の幅であらゆる業者に対応し、
資金融資を行っています。とくにここ数年は新規開業者への融資に積極的。
ここでは、どのような手順で融資が受けられるか紹介しておきましょう。

1 支店へ出向き、相談する

国民生活金融公庫の支店は全国に152店舗。最寄りの支店へ出向き、相談に乗ってもらう。借入申込書、開業計画書などをもらう。

2 申し込み

借入申込書のほか、開業計画書、設備資金の申込書など必要書類を提出し、融資の申し込みを行う。

3 面談する

事業の計画などについて具体的に聞かれる。計画についての資料や資産、負債のわかる書類などを準備する。場合によっては、店舗を訪問されたりもする。

4 融資が決定する

面談によって融資が決定すると、契約に必要な書類が送られてくる。契約の手続きが終了すると、自分の銀行口座などへ融資金が振り込まれる。

5 返済開始

返済は基本的に月払い。元金均等返済、元利均等返済、ステップ返済がある。

●借入申込書
事業資金の借入申込書が用意されている。その場で受け取ることもできるし、国民生活金融公庫のホームページからもダウンロードできる。

●開業計画書
新たに開業する人が、どんな事業をやりたいと思っているのか、書いてもらう書類。開業動機、事業目的、将来ビジョンをはじめ、具体的な事業内容、販売計画、仕入れ計画、資金計画をはじめ、売り上げ予測や収支予測も立てる必要があり、これを書くことで、自分自身がどんなサロンを始めたいのかビジョンや計画が明確になるといったメリットもある。

●元金均等返済
毎月ローンの元金部分を一定額返済していく方法。ローン残高が減るにしたがって、支払い利子額が減少していく。当初の返済額が多くなるため、収入に余裕がないと借りにくい。

●元利均等返済
元金十利息の毎月の返済額を一定にする方法。毎月の返済額が一定のため、返済計画がたてやすく、元金均等返済よりも当初の返済額が少なくて済む。ただし、総支払額は多くなる。

●ステップ返済
当初一定期間の返済額を抑えて、段階的に返済額を上げていく方法。収入の増加が見込めない場合は借りにくい。

新規開業者向けの融資制度や地方自治体の支援制度を活用しよう

国民生活金融公庫では、さまざまな融資制度を設置している。必要な資金や利率を照らし合わせながらどれがいいか検討していこう。

国民生活金融公庫の利用法

国民生活金融公庫で、新しく事業を始める際に活用できる主な融資制度は以下の４つ。利率や融資額が異なります。詳細は窓口で確認してみましょう。

●新創業融資制度

新たに開業したい人を対象に、無担保・無保証人で融資する制度。融資限度額は７５０万円以内。返済期間は運転資金5年以内（うち据置期間6カ月以内）、設備資金7年以内（うち据置期間6カ月以内）。利率は基準利率＋１・２％。基準利率は融資期間や使いみちによって異なります。

●女性、若者、シニア起業家資金

開業して5年以内の女性または30歳から55歳以上の方を対象とした融資制度。融資額は７２００万円以内。返済は設備資金が15年以内、運転資金が5年以内。利率は使いみちなどによって異なります。

●新規開業資金

ずっと癒し系サロンで働いていた人が、自分のサロンを始める場合に利用できるのがこの制度。融資額は運転資金が４８００万円以内、設備資金が７２００万円以内。利率はやはり使いみちなどによって異なります。

●生活衛生改善貸付

生活衛生関係の事業（飲食店、理美容など）を営む小規模事業者に対して設備改善や店舗改装資金として貸付を行う制度です。融資額は５５０万円以内で、返済は7年以内。無担保・無保証人でＯＫです。

そのほか、各地方自治体にも、開業を支援する制度があります。開業計画と見比べながら、自分にとって有利な制度を利用しましょう。

身近にある創業支援機関

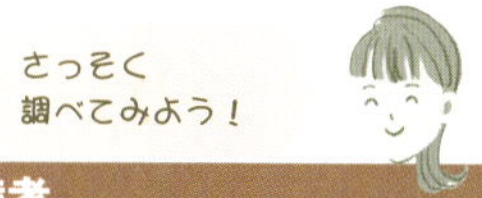

支援機関	備考
1 地方自治体	各都道府県、市区町村では、その地域に暮らす人々や働く人々を対象に、創業者支援のための制度を設けています。とくに市区町村の場合は、金利の一部を自治体が負担する利子補給制度を設けているところも少なくありません。 融資だけでなく、補助金、出資、債務保証、施設貸与といった支援策を講じている自治体もあります。なかでも施設貸与は、直接資金面で補助するのではなく、商店街の活性化も含めて空き店舗を無償もしくは格安で提供するとか、空きオフィスなどを保証金不要、格安賃料で提供するといったかたちの場所提供は、小規模で新規事業を開始したい人にとってはありがたい話でしょう。 自身の住んでいる地域にこうした支援制度があるかどうか、問い合わせてみることをぜひオススメします。また、創業したい人向けのセミナーなどを開催している自治体も多いので、広報誌やホームページは要チェックです。
2 商工会議所などが主催する金融相談窓口やセミナー	事業を始めるうえでの心構え、ビジネスプランの作成講座、あるいは融資制度や創業事例の紹介などを行う「創業塾」を各地の商工会議所で実施しています。 こうした地元商工会議所などが主催するセミナーへ参加することで、地域とのつながりを築くことができ、さまざまな業種の人々とのネットワークができるのも、大きなメリットです。
3 銀行の新規開業者向け融資制度	山口県にある西京銀行では「しあわせ市民バンク」と称し、女性や学生を中心に福祉や教育、環境など社会的意義のある事業で、起業したいと思っている人向けに融資を行っています。融資額は1,500万円以内。運転資金は5年以内、設備資金は7年以内が返済期間となっています。 また、スルガ銀行では新規開業者向けにスタートアップローン、FCローンを設けています。スタートアップローンは500万円を上限とし、無担保・無保証人で融資が受けられる制度。固定金利で100万円以上だと7～15％となっています。FCローンはFC加盟店として開業したい人向けの融資制度です。 このように、民間の金融機関でも新規事業者支援に積極的なところもあるので、最寄りの銀行に問い合わせてみましょう。

物件を探そう01

店舗を探すために考えなければならないことって何？

どんな場所で、どんな物件を借りるのかは、サロン開業にとって重要なポイント。あなたのめざす理想のサロンに合った「場所」はどこなのかを考えよう。

物件選びのコツとは

「どこで開業するか」は、サロン開業にとって、今後の成功を左右する大きなポイントですから、物件選びは慎重に行いましょう。

物件を探すときに大切なのが、サロンのコンセプトをしっかり具体化できているか、ということです。ただ「駅に近く」て「間取りが広く」て「賃料が安い」物件をやみくもに探しても、いつまでたっても見つかりませんし、なんとなく妥協してしまうことにもなりかねません。

「どんな人に、どういう目的で、どんなサービスを提供するのか」を踏まえたうえで、店の場所と店内の広さ、賃料を決めることが大切です。

物件を借りるときはこんなところに注意！

どんなコンセプトであっても、物件は駅から近いほうがいいのは当然です。隠れ家的なサロンにしたいと思っている場合でも、駅から遠ければ、本当に隠れてしまいます。ある程度人目につく場所でなければ、よほどの理由がない限り、成功はおぼつかないといってよいでしょう。駅前といっても、住宅地にするのかオフィス街にするのか、サロンのコンセプトによって変わってきます。

エリアが決まったら、住居スペースを借りるのか、店舗用住宅を借りるのかを決めます。住居スペースの場合、看板が禁止されていたり、営業時間に融通がきかないといったケースもあるので、事前に確認しておきましょう。店舗用住宅は権利金などが余分に必要になる場合があるので要チェックです。

運よく、いい物件に出合えたとしても、急いで契約してはいけません。時間帯、または休日と平日で人通りに違いはないか。周辺に競合店はないか。夏になって看板が木々で隠れたりはしないかなど、いろいろな面から立地条件を見ていきましょう。

■不動産屋を訪れるときは

不動産屋に飛び込みで入っても、いくら言葉で説明しても信用してくれない場合がある。入居してから変な商売を始められたら困るし、業者もオーナーも、住居者とのトラブルがいちばんやっかいだからだ。そのため、不動産屋に行くときは開業計画書と職務経歴書を持参したほうがよい。不動産屋も安心して協力してくれるだろう。

■開業資金がたりないとき

自宅開業は無理。でも開業資金がないという人は、同士数人で部屋を借り、曜日ごとに使用できる人を決めるなどの方法も。

ただしトラブルのもとになりやすいので、共同経営は細心の注意が必要。

物件決定までの流れ

1 コンセプトを明確にする

「どんな人」に「どういう目的」で「どんなサービス」を提供するのかを考え、ターゲット層を明確にする。

2 エリアを決定

できれば駅の近くで探す。予算的に駅前は無理でも、人目につく場所を探すこと。オフィス街にするか住宅街にするかも検討。

3 住宅スペースか、商業スペースか、商業施設内か決定

住居スペースは事務所OKの物件だと営業がしやすい。店舗用物件は住居スペースよりもお金がかかることもあるが、事業はしやすい。

4 広さを決定

広さを決める際は、賃料や予算から決めるのではなく、予想される売り上げをベースに考えること。

5 物件の下見

条件を満たす物件に足を運び、設備や周辺の雰囲気などをたしかめる。

6 契約

朝・昼・夕の人通りの違い、平日・休日の違いは必ず確認しておくこと。また、自分が使いたいように使えるか、不利な条項はないかも確認しておこう。家賃は粗利の25%が限度とされているので、予想売り上げを吟味する。不動産取引は金額が大きいので、失敗は開業の命取りになりかねないと心得て。

どんな広さ・設備の物件がサロンには適しているの？

スタッフが自分だけなら、それほど広いスペースはいらない。作業しやすい間取りか、サロンに必要な設備が最低限整っているかをポイントに検討しよう。

サロンに必要な広さってどのくらい？

店舗の広さは、同時に施術できるお客さまの人数によって決まってきます。接客は基本的に1対1で行うので、スタッフが自分1人だけなら、客も1人。つまり、1人分のベッドやチェアが置ければよいので、6畳もあれば十分でしょう。

4畳半程度では少々狭いので、トリートメントルームとカウンセリングルームの2部屋は欲しいところです。

スタッフを雇って、同時に複数接客するなら、ベッドやイスの台数に合わせてスペースを確保します。その場合、個室にするかカーテンで仕切るだけかなどによっても変わってきます。

理想的な間取りと設備を考えよう

広さからいうと、ワンルームでも間に合いますが、自分が手を洗ったり、タオルをすすいだり、ティーサービスをすることなどを考えると、キッチン独立タイプ（1DKなど）のほうが作業はしやすいと思います。

設備として必要となるのが、まず換気装置です。サロンでは精油を扱うことが多いので、換気は意外に大切です。ベランダや大きな窓があればベターですが、なければ換気装置がしっかりしている物件を選びましょう。

また、トリートメントルーム以外にお客さまが使用する場所にも気を配らなければいけません。清潔感があることはもちろん、雰囲気を大切にしたいなら、トイレが和式か洋式かにもこだわります。ショッピングセンターなどのテナントで開業する場合、トイレはビルで共同ということもあるので、そういう物件は避けたほうが賢明です。

■居抜き物件のメリット・デメリット

以前に経営していた店舗を、そのまま譲り受ける物件のことを居抜き物件という。開業コストが安く済み、資金が少ない場合は助かる物件だ。しかし、前の店のイメージに引きずられ、新しい自分のイメージどおりのサロンはつくりにくいリスクがある。また、「なぜ、この店は営業をやめたのか」もじっくり検討しよう。

トリートメントルームは6畳あれば十分

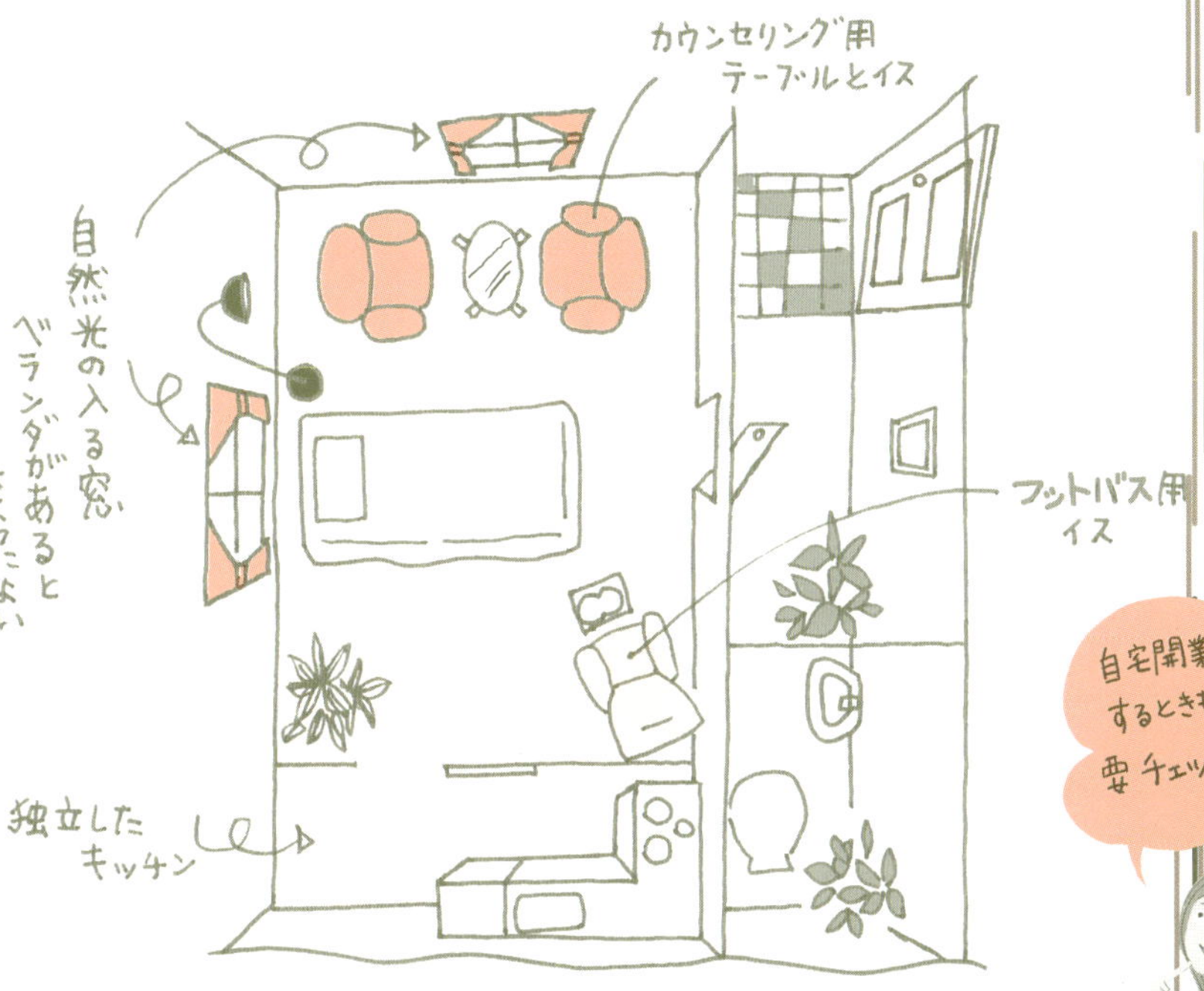

オーナーもお客さまも動きやすいnatural treatの店内。

店舗づくりに重要な「動線」って何?

動線には客動線と従業員動線があり、客動線とは、お客さまが店内に入って、どこをどのように通ったかという線のこと。内装を考える場合、つねに客動線と従業員動線を考え、この2つがなるべく交差しないようにしておきたい。客動線上には障害となるようなものはおかず、お客さまの心理的な抵抗をなくすためにも、幅を広くとったほうがいいだろう。

また、セラピスト1人、お客さま1人のサロンでも、待っているお客さまのことも考えたレイアウトを心がけよう。

癒し空間を手軽につくるには、灯りとちょっとしたひと工夫を

「癒し」を求めてくるお客さまのために、どんな空間づくりをすればいいのだろう。ここでは、簡単な雰囲気づくりの実例と、おもてなしについて見てみよう。ささいな心遣いで、癒し効果も変わるはず。

どんな照明があるかで サロンの雰囲気は一変する

アロマやリフレをはじめ、癒しを感じる対象は人さまざまです。心地よい音楽という人もいれば、神秘的なパワーストーンだという人もいます。しかし、いくら高級なモノをそろえたからといっても、なぜか安っぽく見えてしまったり、どこか居心地の悪いお店があるのも確かです。

癒しサロンは、リラクゼーションを求めるお客さまに来ていただくのですから、少しでもくつろぎを感じられる雰囲気にしたいものです。

たとえば効果の現れやすいのが、照明です。ちょっとした工夫ひとつで、普通の部屋の表情をがらりと変えることができます。

マッサージサロンのなかには、いかにも治療院のようなところがあります。その原因はインテリアにもありますが、やはり蛍光灯による影響が強いようです。

蛍光灯は全体を明るく照らすのには適していますが、生活感が出たり、冷たく陰気な印象となりがちですので、できれば避けましょう。

簡単にできる 癒し空間へのヒント

蛍光灯を電球色タイプに代えるだけで、温かみのある空間にすることができます。また、壁に掛けた絵画やタペストリーにスポットライトをあてるのもおすすめです。

スポットライトは調光タイプのものにすれば、施術中は光量を絞って、お客さまによりリラックスしてもらうこともできます。

そのほかにも、サロン内のインテリアに、素材や色といった面での統一感があることもポイントです。もちろん見た目だけでなく、動線が悪くないか、不便なところはないかなど、サロン全体の使い勝手を細かくチェックすることが大切です。

ほかにどんな癒しの工夫があるか、次のページを参考にしてください。

■セラピスト御用達のCD

「natural treat」のホームページにある「アロマのお店」では斎藤オーナーお気に入りのCDを販売。たとえば、『クワイエット・アース／カマール』は「私は高音すぎても低音すぎても耳がヒーリングCDとしてあまり受け付けないのですが、これは、中間の落ち着いた音たちで構成されていてとても心地よいサウンドです。施術用におすすめ～」とのこと。

またセラピスト御用達の『THE BALANCE OF GAIA　バランス・オブ・ガイア』は「癒されたい方、セラピストの施術用どちらでも◎。とても施術しやすいですよ」とのこと。

■やさしい光に満ちたcomfort tableの癒し空間

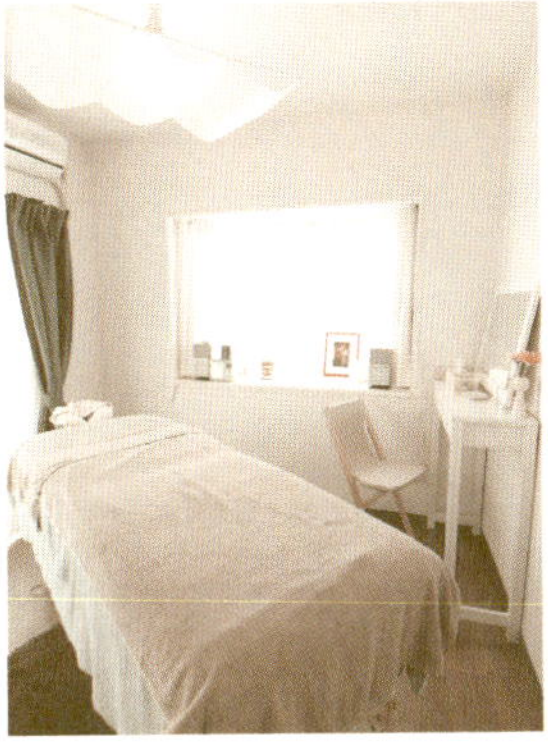

30ページに登場したcomfort tableは、菊池オーナーが北欧家具にこだわったインテリアで統一。自然光と照明機器を上手に使い、癒し空間をつくっている。ブラインドやレースのカーテンからこぼれる、柔らかい光が日常を忘れさせてくれる。サロンのあちこちに光の演出が凝らされている。

■癒し空間にはさりげないおもてなしも必要

makanaのハーブティー

ベッドの上にはウェルカムフラワー、そして施術後にはハーブティーでひと息。

Energy Fieldの香酢

アミノ酸を豊富に含み、ダイエットにも効果があるといわれる香酢。宝官オーナーのオリジナルブレンドを提供している。

piernaの紅茶&ケーキ

カフェを併設するサロンだけに、紅茶とケーキを味わえる。サロン内でもカフェスペースでもOK。

natural treatの玄関

傘立てに添えられたタオルには、雨天の日にわざわざ来店したお客さまへの感謝の気持ちがうかがえる。

Natural Happyのハーブ水

ナチュラルウォーターに摘んだばかりのハーブで香りづけしたものをお客さまに。

お店の具体的なイメージがあれば、設計・施工会社への依頼も簡単！

物件が見つかったら、自分のサロンにふさわしい内装、デザインを考えよう。業者に依頼するときはどんな雰囲気にしたいのかを具体的に伝えられること、そして、見積もりを取ってムダをなくすことも重要だ。

自宅以外で開業するときはそれなりのデザインにしたい

「ベッド1台あれば成り立つ」といわれる程、癒しサロンの開業は狭いスペースでも可能ですが、せめて必要最低限の設備を用意したトリートメントルームを持ちたいものです。

　自宅とは別に店舗を借りて開業するのなら、あらかじめ設計施工をどこに依頼するか考えておきましょう。

　とくに癒しサロンを訪れるお客さまは五感を使って雰囲気を感じ取りますから、付加価値を高めるために内装デザインは重要になります。

　また、ビルによっては、不特定多数の人が出入りするのを嫌ったり、看板を禁止する大家さんもいますので、自由のきく物件を見つけてから設計計画を立てるといいでしょう。

　まず最初に、具体的なイメージを紙に書いたり、間取り図にインテリアの配置を書き込んでみると、仕上がりが次第にはっきりしてきます。

店舗デザイン、内装工事を依頼するときの注意点

　内装のデザインや工事を依頼するときには、どんなサロンにしたいのかを具体的に説明できるようにしましょう。たとえば、「マッサージベッドは窓のそば。できればもう1つトリートメントルームを設けたい」「内装は白を基調に、ナチュラルな素材を置きたい」など、どのように使うのかや、全体の雰囲気までを伝えます。素材の色や形、イスやソファ、テーブルのサイズなども伝えるとデザインがしやすくなります。

　店舗設計は複数の会社から見積もりを取り、相場と比較検討することも忘れずに。依頼するときに最低限必要なものとしては、所在地と予定スケジュール、事業計画の内容、出資予算などです。

　なお、自分にできること——インテリアの配置などは人に頼まないこと。ムダなところは削って予算を抑えることも視野に入れましょう。

■業者に依頼するポイント

・新築物件なら設備の位置などで要望が通るかどうか確認すること。
・コンセプトやイメージ、全体の雰囲気はどんな感じにしたいか伝える。
・色、形、素材など、具体的な希望があるなら伝える。
・気に入ったサロンを担当したデザイナーを紹介してもらってもいい。
・壁や床とマッチしたデザイン。照明計画について、など。

人気癒しサロン6店の設計ポイント＆かかったお金は？

makana

改装工事費 **400万円**

アパートを改装し、吹き抜けのあるサロンに

渡邊オーナーの実家が所有するアパートを改装。見積もりは10回以上も取り、工事の1つひとつに注文。室内の解体は自分たちの手で。

natural treat

内装工事・デザイン費 **370万円**

マンションの1室に2つの施術室を配置

間取りの変更が可能なマンションの1室を取得。2つの施術室の天井に、それぞれスピーカーを、ベッド下の床にコンセントの差込口を設置した。

incondition

改装工事費 **150万円**

自宅の倉庫と和室をシンプルにリフォーム

自宅で倉庫になっていた店舗スペースと、隣接する和室を改装。地域の人が利用しやすいよう、できるだけムダを省き、シンプルな空間に。

Energy Field

リフォーム費 **150万円**

自宅の広いリビングに自然に親しめる施術室を

別荘の間取りになっていた自宅のリビングをリフォーム。ベッド、ソファなど備品をそろえてスタート。05年には施術室内にシャワーを設置。

Relax Plus

内外装工事費 **50万円**

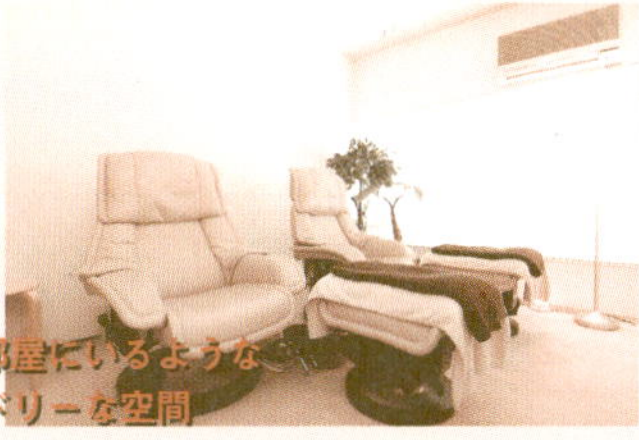

友達の部屋にいるようなフレンドリーな空間

元インテリア・デザイナーのセンスを生かし、内装はカフェ、ホテルなどを参考に。受付を設けず、入り口と応対コーナーを直結させた。

Nail Design Salon&College

改装工事費 **30万円**

カジュアルで気取りのないサロンに

内装は知り合いの業者に依頼し、フローリング工事、入り口扉の設置のみ。カジュアルな雰囲気になるよう、手づくり感を残した。

ほぐしコラム

トラブル対応に強くなるには？

お客さまからのクレームは、サロンを改善に導くこともありますが、
できればないに越したことはありません。
ささいなことでトラブルを起こさないよう、
若いスタッフへの教育も大切な仕事のひとつです。

お客さまのクレームには本心で謝ろう

セラピストとお客さまが１対１になる癒しサロンでは、ちょっとした行き違いが思わぬトラブルになってしまうことがあります。

こちらが誠意を持って、熱意のある施術をしているつもりが、たった一言やちょっとした対応が、お客さまの怒りに火をつけてしまうのです。

クレームの種類には、主に次のような原因が考えられます。

・言葉遣いが悪い。気がきかない。
・態度が悪い。対応が雑だ。
・オーダーを間違える。
・イメージとの違い。
・説明不足。勘違い。
・ほかのお客さまへのクレーム。
・商品へのクレーム。

とくに若いスタッフがいるサロンでは、言葉遣いの教育をすることも必要です。若者だけの流行語や「タメ口」をきいたり、返事をしないということも。

また、お客さまの要望に添えないときには「それはできません」などと逃げ言葉を使うのはよくありません。強引なお客さまに断ることができず、調子よく安請け合いなどをしないことも大切です。対応できなかったときには火に油を注ぐことになってしまいます。

お客さまのなかには、とにかく謝らせたいとか、しゃべりたい心理でクレームを爆発させ、理屈が通らないこともあります。そんなときには、お客さまの立場になって、心から「申し訳ありません」と謝罪することが重要です。

次に紹介するのはクレームではありませんが、トラブルにつながりかねないので要注意です。

「女性客のなかには、明らかに男性セラピストによる施術に抵抗感のある人がいます。そういう場合は施術の現場で自分があきらかに浮いているのを感じますね」（男性リフレクソロジスト）

「癒しサロンには、うつ病質の人もよく来ますが、その場合にはなんとかしてあげようと思い過ぎないこと。セラピストは医師ではないことを忘れないように」（女性フーレセラピスト）

「オーナーが喫煙者のサロンでは完全な禁煙になっていないところも。せっかくリラクゼーションしに来ているのに、タバコの臭いのついた手で直接触られるのはイヤなもの。せっかくのアロマのよい香りも台無しです」（20代の女性利用者）

■お客さまの感情表現カルテをつくろう

お客さまの体調や健康状態をカルテにして保存するのは、当たり前に行われていますが、クレームなど、感情の露出が多いお客さまには会話や表情などに現れる状態をチェックしておくことで、相手を知ることができるでしょう。

担当の引き継ぎをするときなどにも、お客さまへの対応がわかりやすく、よい印象を与えることができます。

	お客さまの状態	備考
専門知識は多いか？	多い　普通　少ない	
言葉はわかりやすいか？	わかりにくい　普通　わかりやすい	
自分の思い通りにならないとすぐキレる	よくある　普通　ほとんどない	
感情の起伏は激しいか？	激しい　普通　穏やか	
口数は多いか？	とても多い　普通　少ない	
話せばわかってくれそうか？	わかってくれない　普通　わかってくれる	

第5章

最後の仕上げをしっかりと

成功を目指すなら お店の盛り上げ方も学ぼう!

サロンづくりをひと通り見てきましたが、
一番気になるのは、オープン後に何をすれば
お客さまを呼べるかということ。
これ以上ないという最高の立地でもなければ、
誰も見向きもしないということだって
あるのです。そうならないためにも、
サロン経営を軌道に乗せるためのサービスや
料金設定、頼りになるスタッフも大切です。
最後のガンバリが、あなたのサロンを
人気店にするかもしれません！

サロンのコンセプトを表現するわかりやすい名前を考えよう

お客さまにさまざまなイメージを与えるサロン名。技術やサービスが同レベルなら、名前の印象で選ばれることも珍しくはない。サロンのコンセプトを印象づけるためにも慎重に決めたい。

自分のサロンのイメージに合った店名をつけよう

癒しサロンは、数多くありますが、何のお店かが伝わりにくい場合もよくあります。そこでお客さまに印象づけるにはお店のネーミング方法について考えておくことが必要です。名前をつけるポイントとしては、

・「癒し」をイメージさせる意味づけに重点を置く
・お店の雰囲気（コンセプト）が伝わる
・語感のよい言葉を使う

などが考えられます。

多くのお客さまは「癒し」を求めてやってきます。ですから、店名でインパクトや個性を主張し、目立つ必要はありません。自分だけが見つけた場所であるという満足感のほうがリピートにつながりやすいでしょう。たとえば「自然」「くつろぎ」「清潔感」などをイメージさせる名前（とくに英語やフランス語）が使われるようです。

また、とくに新規のお客さまは雰囲気やコンセプトによって、自分が行くお店を選びます。どんな空間なのか、どんなサービスがあるのか、どういった接客対応なのかといったことが、お店選びのうえで大きなウエイトを占めるのです。その点では、「健康な体」「非日常的な空間」「リゾート感覚」をイメージさせる言葉が使われます。

短い名前でいろいろ表現するのは難しい、という人もいるでしょう。その場合、名前にキャッチフレーズをつけるという手もあります。

たとえば「エステティックサロン○○」「ネイル＆アロマ○○」など、お店のサービス内容がわかるようなもの、「リラクゼーションスペース○○」「○○フォーユアビューティ」など、お客さまのニーズを反映したものなどです。

これらは、誰にでもわかりやすい一般的に使われる言葉ですから、ストレートにお客さまに届きます。

安心感を与えるネーミング

●何のお店かわかりやすい名前

Natural body

マッサージをすることで、健康なカラダを取り戻してほしいという思いでつけられた。

Nail Design Salon&College

オーナーによれば、「何のお店かすぐにわかるよう、ネイルという言葉を入れたかった」という。

natural treat

肩、足、顔、全身など、あらゆるトリートメント（施術）を行うお店。ナチュラルという言葉で、安らぎや心地よさも表現。

●雰囲気が伝わる名前

Relax Plus

「友だちの家」のような居心地のいい空間と、各種リフレクソロジーで得られるリラックス感を表現した。

pierna

もともとリフレクソロジーのみだったことからつけられた名前は、スペイン語で「足」という意味。

Energy Field

自然のエネルギーを生かしたトリートメントと、木々に囲まれた立地環境を表現している。

キャッチフレーズで引きつける

店名の前や後ろにキャッチフレーズをつけているお店は少なくない。口コミなどではなかなか使われないが、看板や広告などでは目につくものだけに、いいフレーズをつけて上手にアピールしたいものだ。

makana resort healing salon 〜私だけの隠れ家サロン〜

提供しているのはハワイ伝統のマッサージ。

comfort table for your relaxation

シンプルな言葉だがわかりやすいフレーズ。

意外に漢字や和風の店名も

鍼灸や整体を除けば、外国から入って来たものが大半を占める「癒し」のお店。

漢字を使用した店名はあまり多くは見られないが、表現しようとするものは外国語の店名とあまり変わらず、安らぎや落ち着き、癒しを表したものが多い。

とくに店名としてよく使われる漢字は、「癒」や「美」などの効果を表したものや、「楽」「憩」「和」などのイメージを表現したもの。花や樹木の名前や、色名を入れた店名もみられる。

そういったものに「処」「空間」などを組み合わせた名前がよくあるパターンだ。

注目サロンとっておきセラピー part3

ロゴ・看板のつくり方

key word　清潔感　手書き　心地よさ　安らぎなど

多くのお客さまに来てもらえるよう、ロゴや看板には気を遣いたい。では、いったいどんなことに注意してつくればいいのか。人気店のデザインを参考に考えてみよう。

1 Natural body

無駄な装飾をせず、清潔感を表すようにロゴはすっきりとしたデザインに。文字の一部を丸くあしらうことで、愛らしさと楽しさを表現している。

2 Energy Field

木目むき出しの板が、湘南とタラソの大自然をイメージさせる。手書き文字の店名が、温もりと安らぎを演出している。

3 AQUA

「水のなかの心地よさ」を感じてもらいたいという思いが込められた店名を、シンプルですっきりとしたロゴで表現。

4 Relax Plus

家路に着く人の足を止める、インパクトがあるオレンジの看板。お店やメニューがわかりやすいよう、隣に内容やメニューを並べて掲載。

5 makana

看板やロゴのまわりに、やしの木やモンステラの葉をあしらって、ハワイ伝統のトリートメント「ロミロミ」を表現した。

6 incondition

自宅サロンの落ち着いた雰囲気を、お店のベースカラーの白と、安らぎの緑で表現。シンプルなデザインで、清潔感も演出した。

7 natural treat

女性を意識したロゴデザインは、かわいらしく明るいイメージの書体。さわやかなブルーにすることで、清潔感も演出した。

8 pierna

アロマやハーブの「自然」なイメージを、ロゴの背景にある写真で表現。お店周辺の静かな環境を、看板のグリーンが一層引き立てている。

9 comfort table

マンションの手すりにさりげなく掲げられた看板。オーナーが好きだという北欧家具のような、シンプルでナチュラルなデザイン。

10 Nail Design Salon&College

ロゴは流れるような書体でデザインっぽさを演出。ネイルアートによく使われる四葉のクローバーをワンポイントであしらった。

サロンコンセプトに合ったメニューと価格を決めよう

メニューを豊富にそろえるのは、お店がわだけでなくじつはお客さまにとってもうれしいこと。サロンコンセプトに合ったメニューづくりと価格設定を行うのが大切だ。

施術の組み合わせで豊富なメニューをつくる

どのようなサービスをメニューにするかは、サロンのコンセプト、ターゲットとなるお客さまの年齢層、地域などの要素によって変わってきます。しかし、多くのサロンは、さまざまなメニューを用意しており、単一のメニューだけを提供しているところはほとんどありません。

個人サロンの場合はとくにそうですが、サロン経営はフェイス・ツー・フェイスの接客が基本ですから、1人あたりの客単価を上げることは必須。そのためにも、メニューは多いほうがいいといえます。サービスの種類が増えれば、お客さまの選択肢も増えますから、リピーターの獲得も期待できます。

価格を設定するときに気をつけることは?

メニューが決まったら、価格を設定します。近隣の競合店や、同コンセプトのサロンの価格を調べ、相場がいくらくらいなのかを確認します。それに基づいて、目標売上高と照らし合わせながら、妥当な価格を設定します。48ページで紹介した「incondition」の場合、地元の人たちが気軽に立ち寄れるサロンにしたいという理由と、周辺の美容院も都心より低価格だったこともあり、都内のサロンよりやや安めに設定しました。

ただし、安く設定すればいいというわけではありません。客層や売り上げ予測、サロンのイメージなども考慮に入れながら決めていきましょう。

また、セット料金を用意するという方法もあります。一見高くみえますが、一方で割安感もあり、セットの注文が増えれば客単価も上がり一石二鳥です。料金の値上げは、それが適正価格への値上げであったとしても、客離れの原因となります。将来の値上げを避けるためにも、価格の設定は慎重に考えたいものです。

■価格設定の裏ワザ

価格を決めるときは、2段階より3段階のほうがいい。どういうことかというと、料金体系が60分6000円のコースと60分5000円のコースの2種類しかなければ、お客さまは安いほうを選びがちである。しかし、これに60分1万円のコースを加えると、お客さまの心理としては、高くもなく安くもない6000円のコースを選んでしまうことが多いのだ。

もちろん、60分1万円を払うだけの技量があなたにある場合に有効な方法である。

inconditionのメニュー

平成17年7月現在

●ほぐしコース（延長は10分1,000円からＯＫ）
20分／2,000円、40分／3,000円、60分／5,000円、90分／8,000円
●ボディバランス整体コース
1回60～90分／6,000円※症状によって時間がかかる場合もある
●アロマボディートリートメント　トライアルコース
約40分／4,000円半身コース
約60分／7,000円
約90分／10,000 円全身コース
約120 分／13,000 円
●フェイシャルケア
5,000円～8,000円
●リフレクソロジー
3,000円～8,000円

piernaのメニュー

平成17年7月現在

●フェイシャル
プチフェイシャル20分／1,500円、ディープクレンジング30分／3,000円
ビタミンパックコース60分／5,000円、ハーブトリートメントコース60分／5,000円
デラックスコース90分／7,500円
●フェイシャル・オプション
超音波／1,000円（ビタミンパックコース・ハーブトリートメントコース）
プラセンタパック／800円（ビタミンパックコース・超音波）
ホワイトＣパック／500円（プチ・フェイシャル・ハーブトリートメントコース）
ビタミンパック／1,500円（ハーブトリートメントコース）
●アロマテラピー
アロマテラピートリートメント60分／6,000円
スエディッシュトリートメント60分／6,000円
●やわらか整体
30分／2,000円、60分／4,000円
●リラクゼーション
30分／3,000円
●リフレクソロジー
25分／2,000円、50分／4,000円、脚から毒素排泄コース60分／5,500円
●ヘッドトリートメント
20分／1,500円

割引サービスの長所と短所

新規開店の際、割引サービスやトライアルキャンペーンを行うお店は多い。

これは、お店の認知度を高めたり、お客さまの来店をうながすうえでも有効な方法である。

しかし、なんの戦略もなしに、ほかのお店もやっているからというあいまいな理由で行ってしまうと、割引サービスに歯止めがきかなくなることもあるので、注意が必要だ。

たしかに、料金が安ければお客さまは来るかもしれない。しかし、安さだけが魅力のお店というイメージになり、サービスや技術面でお客さまの信頼を得ることはできないだろう。

そうならないためには、料金を安くするよりも、メニューを増やして客単価を上げる努力をすることが大切となるのである。

あなたの事業計画で本当に採算は合うのか

開業後、1カ月にどれくらい経費がかかるか今のうちに計算しよう。その経費をまかなうための売上高は？ そのための客単価はどれくらい？ あなたのサロンが採算がとれるかどうか、検討することが先決だ。

経費は2つの項目に分けて考える

収支計画とは、どれだけ売り上げを上げれば、利益が出るのかを検討するものです。

お店の費用にはさまざまな費用がかかりますが、これは固定費と変動費とに分けられます。固定費とは、売り上げの増減に関わらず発生する費用のことで、家賃や支払利息、水道・光熱費などです。変動費とは、売り上げに比例して発生する費用のことで、仕入れ費や材料費、広告宣伝費など。固定費と変動費の区分けはとても難しく、慣れないうちは損益計算書上の「売上原価」を変動費とし、その他の「経常費用」を固定費として算出すればいいでしょう。

2つの費用を出したら、採算をとるにはどれくらいの売り上げが必要かを計算します。固定費＋変動費＝売上高だと、利益はゼロということになります。たとえば固定費60万円、変動費20万円と予測したとすると、1カ月に80万円の売り上げで収支トントン、利益を出すためには、1カ月に80万円以上の売り上げが必要ということです。月に25日営業すると、1日に3・2万円を売り上げれば損失は出ないことになります。客単価を1万円とすると、お客さまは1日に4人必要です。

このように計算して、その売上高を達成できるかどうかを検討します。このとき、厳しく低めに見積もったほうがいいでしょう。ちょっときつそうだと思ったら、削減できる経費はないか、価格を変更できないかなど、もう一度見直しましょう。

次に、経営の指標となる「損益分岐点」について、軽くふれておきます。損益分岐点とは、利益がゼロになる売上高のことです。つまり、売り上げと費用（固定費＋変動費）が一致しているポイントのことで、最低の目標値といえるでしょう。前述の例でいえば、損益分岐点は80万円となります。

■損益分岐点の活用法

目標利益を上げるためには、いくら売り上げればいいか。開業前にだれもが思うことだが、次ページの損益分岐点の計算方法を応用すると、算出できる。算出方法は次のとおり。

「(固定費＋目標利益)÷限界利益率」

経費を本文の例のとおりとし、収支トントンの人が、目標利益を10万円とした場合の計算式は、

「(60万円＋10万円)÷(1－20万円÷80万円)≒93万円」

となり、93万円が目標売上高となる。目標売上高がわかれば、具体的な改善策が見えてくるだろう。

収支計画（開業後の見通し）を立てる

下の表を参考に、収支の見通しを検討してみましょう。いずれの項目も、厳しく低めに見積もったほうがいいでしょう。

費目		予測
売上高（①）		万円
変動費（②）		万円
固定費	人件費	万円
	家賃	万円
	支払利息	万円
	水道光熱費	万円
	その他	万円
	合計（③）	万円
利益（①ー②ー③）		万円

売り上げの予測は、
客単価×1日のお客さま数×1カ月の営業日数
で出す。たとえば、客単価を1万円、1日のお客さま数を4人、1カ月25日営業であれば、売上高は
1万円×4人×25日＝100万円
となる。

損益分岐点を出す

損益分岐点とは、損失も利益も出ない売上高のこと。つまり利益はゼロである。損益分岐点の売上高よりも売上高が高くなれば利益が出ることになる。損益分岐点の計算式は以下のとおり。

損益分岐点 ＝ 固定費 ÷｛1 －（変動費÷売上高）｝

（変動費÷売上高）＝変動費率

｛1 －（変動費÷売上高）｝＝限界利益率（＝限界利益÷売上高）

▼損益分岐点のイメージ

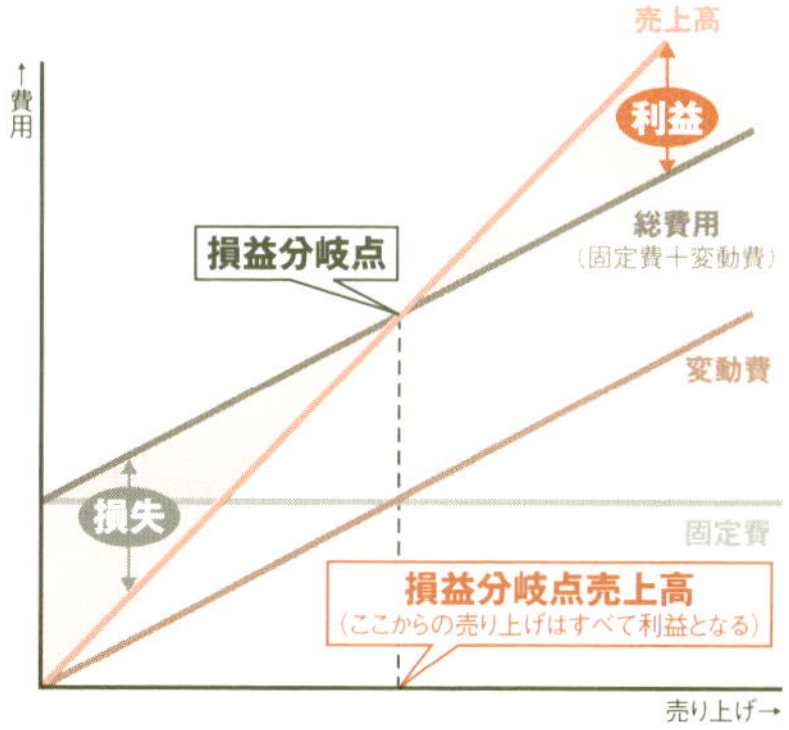

限界利益とは？

変動費はサービスを売るためにかかる費用であり、売上高から変動費を引いたものを、とりあえずの利益と見なすことができる。これを限界利益という。下の図表を見てもわかるとおり、限界利益は固定費と利益を足した金額とも等しくなり、限界利益（とりあえずの利益）で固定費をまかなわなければならない。つまり限界利益と固定費が等しいとき、利益はゼロであり、そのときの売上高が損益分岐点となる。なお、売上高に対する限界利益の割合（限界利益÷売上高）を限界利益率という。

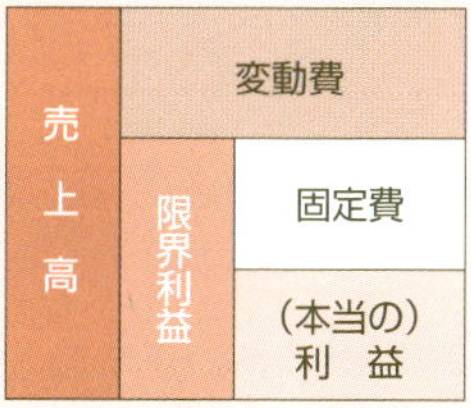

接客マナー＆ルールの決め方

key word　スタッフの技術　丁寧な対応・話し方　笑顔

技術を売る仕事とはいえ、コミュニケーションが大切な接客業でもある。クライアントの声を聞きながら、お店ごとの接客マナーやルールを決めていこう。

お店・接客のルール／技術面

どの店員も同じレベルの技術をもっている

スタッフ間の技術レベルに差があると、レベルの高いスタッフばかりに人気が集中してしまいます。予約の取れないお客さまも増え、せっかくのリピーターも離れてしまうでしょう。とくに、新規のお客さまなど、指名するスタッフがいない場合、「いつ行っても、誰を指名しても満足できる」状態でないと、不安になってしまいます。

お客さまに対するマナーとして、しっかりとした技術を身につけておきたいものです。

1人ひとりに合った施術ができる

もっとも基本的なことですが、しっかりした技術を身に着けることが大切です。

また、施術は接客しながら行うこともあり、お客さま1人ひとりの体調に合った施術ができてはじめて、セラピストとしての接客対応の基本であるともいえます。もちろんそのためには、会話や施術前後のカウンセリングも、重要なポイントとなります。

お店・接客のルール／コミュニケーション面

丁寧な応対・話し方ができる

接客業の基本中の基本ですが、お客さまの多くが気にするポイントでもあります。

実際にお店で施術を受けていなくても、電話での応対が悪いだけで、すべての印象が悪くなってしまいます。また、いくら技術が高くても、話し方や態度が悪いと、お客さまは決して満足してくれません。お客さまはカラダだけでなく、心も癒されに来るということをつねに意識しておきましょう。

顔や名前、前回のメニューを覚えている

名前や顔を覚えられているのは、お客さまにとってはうれしいこと。誠意を持って対応していることがうかがえるので、自然と信頼感を抱いてくれます。

また、前回のメニューを覚えていることで、お客さまは自分の体に合った施術をしてもらえるという安心感も得ることができます。

笑顔の接客ができる

人と接する仕事である以上、心地よく過ごしていただくことが一番です。確かな技術や丁寧な言葉づかいもそうですが、一番のおもてなしは、笑顔です。忙しいときや疲れているときの表情は、お客さまにとって、気持ちのいいものではありません。

いつでも笑顔でいることこそが、お客さまを満足させるなによりの接客術なのです。

スタッフの求人方法

サロンの成功を左右するスタッフ選びは慎重に!

サロンを利用するお客さまにとっては、セラピストの技術だけでなく、ささいな接客マナーが、気になったりするもの。いかに優秀な人材を集めるかが、はじめてのサロンを成功させる大きなポイントに。

スタッフはお店のイメージを決める重要な要素

態度の悪いスタッフがいるために、イヤな思いをしたり、そのお店の全体のイメージが下がった経験があるのではないでしょうか。

逆に、魅力的な店員がいるために、そのお店のファンになったこともあるかもしれません。

このようにお客さまにとって、スタッフのイメージ＝お店のイメージといっても過言ではありません。つまり、スタッフのイメージはお店のイメージを左右する重要な存在です。

ですから、スタッフの雇用は慎重に行いたいものです。

どのような人が優秀なスタッフなのか

では、どんなスタッフを雇うべきでしょうか?

まず、なんといっても、お客さまを満足させることができる一定の技術水準が必要です。

そして技術と同様に大切なのが、接客マナーです。いくら技術的に優れていても、お客さまと円滑なコミュニケーションが図れないようであれば、お客さまは満足しません。

技術と接客マナーのどちらかが欠けていても、プロとしては失格。最低限、この2つのポイントを満たす人を採用するのが基本です。

スタッフを集める方法とは?

明確に優秀なスタッフ像があっても、自分で思い通りの人材をみつけるのは難しいものです。

それを助けるための求人方法がいくつか考えられます。

有料のものとしては、求人情報誌や新聞の折り込み求人広告、お金がかからないものとしては、知人からの紹介、スクール・業界団体での求人斡旋などが挙げられます。

お金を出したからといって、必ずしも効果が出るとは限りません。予算が少ない場合は無理をせず、知人の紹介などに頼るのも手でしょう。

■いつから募集すればいい?

開店前は、内装などに気を取られ、スタッフの募集を後回しにしがち。

もし開業当初からスタッフを雇うのであれば、開業前の教育期間も含めて余裕をもったスケジュールにすべき。できれば2カ月前ぐらいから求人をはじめたい。

求人方法のメリット＆デメリット

求人情報誌

メリット 多くの人に求人情報をみてもらうことができる。求人情報誌は、インターネットでの求人広告を扱っているので併用するとより効果的。

デメリット 掲載期間、募集地域、掲載内容によっては、10万円以上になることも。一方､料金を抑えて広告を出しても、あまり効果は得られない。

費用の目安 3万円程度～

ホームページ

メリット 自分のお店のホームページであれば出稿料がかからないため、コストが安い。また、いつまでも掲載可能。

デメリット 自分のお店のホームページ閲覧者にしか伝わらないため、それほど大きな効果は期待できない。

費用の目安 お金はかからない

新聞の折り込みチラシ

メリット 多くの人に見てもらうことができる。また、地域をある程度限定できる。

デメリット 新聞をとっている人でなければ、見ることができない。配布地域を広げると金額が高くなる。

費用の目安 A4サイズ5万枚配布・制作料込み40万円程度

知人からの紹介

メリット 紹介してくる人を通じて、あらかじめ、応募してくる人がどんな人かを知ることができる。

デメリット 知人からの紹介であるがために、断りづらくなることも。

費用の目安 お金はかからない

スクール・業界団体での求人

メリット 専門学校や業界団体のなかには、求人情報を無料で募集しているところがある。

デメリット 専門学校や業界団体に求人情報があること知る人だけが対象、求人情報を見ることのできない人への効果がない。

費用の目安 無料であることが多い

損益分岐点を考えてスタッフを雇う

スタッフを雇うのは、思った以上に大変なことだ。

たとえば、客単価が10分1000円で平均1時間6000円、毎月のランニングコスト（賃料、光熱費など）が10万円、自分の給料を30万円、営業時間は1日9時間、定休日は日曜日と設定する。

この場合、スタッフを雇わなければ、損益分岐点は40万円になる。お客さまが1カ月あたり67人（1日あたり約2・6人）来れば利益が出る計算だ。

一方、時給1000円のスタッフを雇うと、損益分岐点が、63万4000円になる。この場合、お客さんが月に106人（1日あたり約4・1人）来なければならない計算だ。

スタッフを雇うなら、自分の給料より、スタッフの給料を優先して支払う義務がある。

スタッフを雇う前に、損益分岐点を考え、本当にスタッフが必要かどうかを考えよう。

スタッフに教育を行って、質の高いサービスを提供しよう

スタッフを雇って人数をそろえるだけでは、思い通りのサロン運営にはむすびつかない。単なる「人手」とは考えず、サロンを成功に導く重要なパートナーとして考えよう！

簡単なマニュアルでスタッフの意思統一を

スタッフによって、サービスの水準がバラバラではサロンとして好ましいとはいえません。また、スタッフと経営者が、まちまちのスタイルで接客すれば、お客さまは混乱してしまいます。

そこで、どんなスタッフでも均一のサービスを行えるように教育する必要が出てきます。

そのためには、簡単な「マニュアル」をつくると便利です。マニュアルといっても、スタッフの個性を殺すような、すべての行動を細かく規定するものではありません。

挨拶や施術をはじめる前に必ずしておくべきことや、どのようなサロンを目指すのかなど、同じサロンで働く人が共通認識として持つべきことを簡単にまとめたものでもいいのです。挨拶の一言までを決めるようながんじがらめのものではなく、スタッフの個性を上手に生かす教育を心がけましょう。

サロンに来るお客さまは、スタッフの個性に惹かれて「指名」をする方も少なくありません。上手に教育を行い、スタッフの個性を生かすことができれば、スタッフのファン、ひいてはそのサロンのファンが増えるという結果にもつながります。

即席の講習会を開いてお互いの技術を確認しあう

技術的なことに関しては、サロンの経営者と従業員で、お互いに施術を行い、アドバイスしあうといいでしょう。

お客さまがいない空き時間や営業終了後に行えば、運営者と従業員、または従業員同士のコミュニケーションを図れるメリットもあります。

癒しビジネスは、まだまだ発展途上であり、その技術は日々進化しています。他店との競争に負けないためにも、つねに新しい技術を身につけようとする貪欲さも必要です。

■人材が不足するサロン業界

急速に成長する「癒し」産業だが、日本では、歴史が浅く、まだまだ発展途上の段階だ。そのため専門性の高い人材が不足しており、日常的に「引き抜き」が行われている。

せっかく育てた人材が流出するのは、経営者にとっては大きな損害。そうならないためには適正な給与設定、権限委譲により「やりがい」を持ってもらうなど、スタッフのモチベーションを持続させることを考えることが大事になる。

マニュアルづくりのポイント

挨拶

挨拶のフレーズやお辞儀の仕方、声の大きさ、どの時間帯で「こんにちは」から「こんばんは」に変更するかなど。

↓

はじめてのお客さまへの対応

問診表への記入、システムの紹介など、はじめてのお客さまにするべきことを決めておく。

↓

オーダーを受ける

オーダーを受ける際に聞くべきことを決めておく。スタッフを指名するか？　メニュー表を提示するかしないか、オーダー時に、お茶などのドリンクを出すなら、どのように出すかなど。

↓

店内での誘導

受付からベッドなどへ案内する場合、どのような手順で誘導を行うか。着替えが必要な場合の対応など。

→

室内での対応

個室やベッドに案内してから、まずお客さまに聞く項目を決めておく。「今日はどこが疲れていますか」など、お客さまが何を望んでいるかをつかむ。

↓

施術中の対応

会話をしたいお客さまもいれば、会話をしたくないお客さまもいる。施術中、どのように対応すべきか指針を示しておく。

↓

施術終了から会計まで

施術終了後、その日の感想を聞くか、聞かないか。お茶などのドリンクを出すか。また出し方や、会計はどこで行うかなど。

「指名」を使ってスタッフのヤル気を出す

お客さまのなかには、一度施術を受けたスタッフが気に入り、「また○○さんにお願いしたい」と指名する人がいる。そのお客さまは、お店よりそのスタッフが目当てで来店しているといっていいだろう。

このようなお客さまの指名に対し、スタッフにも「指名1回につき500円」などのインセンティブをつければ、スタッフも指名を得ようと頑張り、手を抜きにくくなる効果が期待できる。お客さまにとっても、いつでも相性のいいスタッフに施術してもらえるのはメリットだ。

ただし、指名が欲しいばかりに、「次回も指名をお願いします」などと、露骨に要求しないことといったルールを決めておくこと。

指名制の利点を上手に生かせれば、お店の活性化にもつながる。特定のスタッフを目当てにやってくるお客さまをリピーター客にし、スタッフのヤル気を喚起するためにも「指名」の制度化を検討しよう。

開店PRのやり方

低予算で効果の大きい開店PRをしよう！

いくら最高のサービスを提供できたとしても、誰にもサロンを知ってもらえなければ、サロンをはじめる意味がない。お店の効果的なPRは、サロン経営を成功に導く最重要項目のひとつだ。

チラシが低コストで効果的

いざ開店の準備が整っても、多くの人にお店を知ってもらわなければ集客できません。そこで、サロンを認知してもらうためのPR活動が必要になってきます。

小さなサロンではそれほどお金をかけられませんから、そのぶん知恵を絞り、工夫する必要があります。

なかでも、最もオーソドックスな方法はチラシによる告知です。

パソコンでつくれば低コストで済みますし、自分のイメージどおりにサロンの魅力を伝えられます。

また広告入りのティッシュを街頭で配布する方法もお金のかからないPR方法としておすすめです。

効果が期待できるのは半径500メートルまで

心身ともに疲れているお客さまが、会社や自宅から遠いサロンにわざわざ足を運ぶ可能性は低いでしょう。ですから、お客さまを集めたい一心で、広範囲にわたりチラシを配っても、効果的ではありません。

多くのお客さまはサロン選びの際は「近さ」「気軽さ」を重視します。チラシを配るなら、サロンに近く、人通りのある場所で通行人が多い時間帯を狙うことです。

効果が得られる目安は、徒歩10分圏内の周辺500メートルぐらいまで。チラシには、お店の特徴、地図、連絡先のほか、割引券などをつけるとより効果的です。

また、サロンの前を往来する人には、看板も効果を発揮します。重要なPR方法と考え、サロン内部の写真をつけたり、割引券を備えつけるなどの工夫をするといいでしょう。

このほかに、低コストのPR方法としてはインターネットを使ったものが挙げられます。市販のソフトがあれば、簡単にホームページをつくることができますし、メールを使った告知も可能です。

■PR以前に立地が大事

集客力はサロンの立地に大きく左右される。たとえば、繁華街など人通りの多いところに出店できれば、とくにPRしなくても新規客の獲得はあまり難しくないだろう。

しかし、サロンの周辺に人がいないような場所でチラシ配布を行ったとしても、新規客を獲得することは難しい。より広範囲にアピールするようなメディアを使うべきだ。

集客の効果を上げるためには、その立地条件に合ったPR方法を考えること。

おもなPR手段

看板

往来する人に対して、手間なく効果的にPRできるのがメリット。店内の雰囲気がわかる看板にすれば、お客さまも安心して入りやすい。

費用の目安
業者に看板作成を依頼して、2万円程度から

チラシ

パソコンを使って、印刷をすれば簡単に作成できるのが最大のメリット。ただし、本格的なものを作りたい場合は業者に頼む。割引券をつければ、さらなる集客効果が期待できる。

費用の目安
自分で作成すれば、用紙代、プリンタのインク代など、1万円以内

ティッシュ

街でよく見かけるティッシュを入れた広告は、チラシより実用的なため受け取ってもらえる確率が増す。割引券を同封すると、より効果的。

費用の目安
広告封入したティッシュ1万個の作成を依頼して、9万円程度

フリーペーパー

地域で発行されているフリーペーパーに出稿するのも手。ただし、競合店も掲載されているので、そのなかで目立つようにする工夫は必要だ。

費用の目安
小さい枠なら3万円程度から出稿できる

ホームページ

知識があれば自分でも作成できる。キャンペーン告知やプリントアウトして使える割引券など工夫を。携帯電話からも閲覧可能にするとベター。

費用の目安
自分で作成すれば、ソフト代で1万円程度。業者に作成依頼すれば、ページ数によるが10万円程度から

近所への挨拶

はじめて訪問する人は「近い」ことが重要な動機になる。開店の際に近所に割引券などを持って、周辺の住宅や会社、商店などを訪問するのも手。

費用の目安
お金はかからない

ダイレクトメール

リピーターを増やすために有効な手段。「佐藤様　最近、調子はいかがですか？」など一言添えて書いて送れば、好感度アップ間違いなし。

費用の目安
1000人にDMを発送で、用紙代・印刷代・郵送代で10万円程度から

口コミ

口コミにまさるPRはないといわれている。実際、ある統計では「友人の推薦」が来店のきっかけになったという人が最も多

費用の目安
お金はかからない

PRするときの必須項目

- 店名
- 特徴
- 住所
- 地図&交通案内
- 電話番号
- ホームページのURL
- メールアドレス
- 営業時間
- 定休日
- 開店の日時
- 店内の写真
- メニュー
- 割引券

クレームというお客さまの「生の声」に耳を傾けよう！

お客さまからのクレームがあったとき、それにどう対応するかで、お店の評価も変わってくる。そのクレームこそがサロンをよりよくするための大きなヒントを与えてくれるのだ。

どんなお客さまにも誠意をもって対応しよう

サロンを始めると、さまざまなお客さまがやってきます。どんな場合であれ、すべてのお客さまに常識をもって対応することが基本です。

しかし、なかには常識のないお客さまが来ることもあるかもしれません。ほかのお客さまに迷惑をかけるような方が来店した場合は、お金をいただく前に断る勇気も必要です。

ところで、いかに誠実に営業しているつもりでも、トラブルやクレームはなかなか避けられないものです。大切なのは、トラブルやクレームにどのように対応するかです。

お客さまとの1対1の対話が大事

クレームやトラブルが起こるのは、お客さまのニーズに応えていないとき、スタッフの対応が誠実でない、などの原因が考えられます。

これをサロン経営の視点からとらえれば、それまで気づかなかったウイークポイントが明らかになったともいえるでしょう。「今後の改善点」の1つとしてとらえ、お客さまには謙虚な態度で応じましょう。

まず最初にすべきことは、お客さまの不満を聞くことです。密接なコミュニケーションをとることで、逆にお客さまの立場に立った姿勢だと悪い印象をくつがえすことができるかもしれません。

そして、その不満の理由をしっかり聞き、原因を探し、今後の解決策を考えることです。クレームという「生の声」を上手に吸収し、経営に生かすことが、よりよいサロンづくりの助けになるはずです。

多くの場合は、知識と常識があれば、クレームから大きなトラブルへとは発展しません。

なかには、むやみに消費者センターへ電話をかけるクレーマーと呼ばれる人もいますが、ごく少数です。このような人に気をとられてばかりいることはありません。

■顧客満足度のポイント

お客さまが満足感を得るために重視していることは、「個別ニーズへの対応」「従業員のホスピタリティ」「サービスの魅力」「専門性」など（106ページ参照）。

つまり、このような点が満たされないと、その不満がクレームとなって表れるのだ。お客さまの要求は、年々高くなってきている。日ごろの接客などから、お客さまが何を望んでいるかを把握するように心がけよう。

リラクゼーション施設を「最初に選んだ理由」と「利用を続けるときに重視すること」

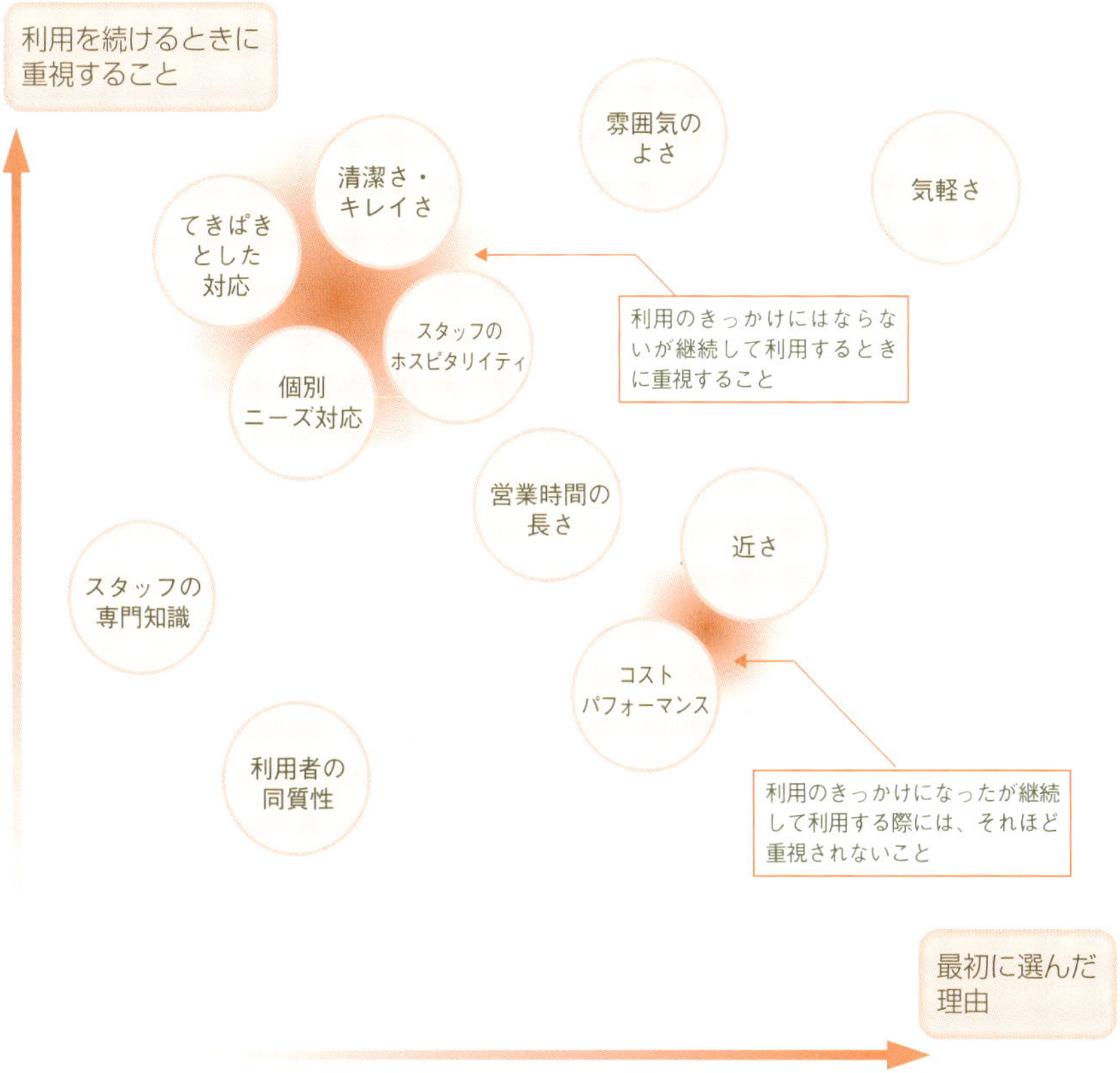

中小企業総合事業談調査部・国際部「平成11年度需要動向調査報告書」より作成

クレーム対応が遅れるのはこんな理由から

クレームがあったからといって、それですぐにお客さまを失ったり、信頼をなくすというわけではない。

クレームがあった初期段階で、迅速かつ的確に対応できれば、信頼を取り戻すことは十分に可能。

逆に、クレームを軽視したり、「謝れば済む」と安易に考えていると、致命的なダメージにつながりかねないので注意が必要だ。

クレーム対応が遅れる原因としては、次のようなことが考えられる。

1「どうせ大したことではないだろう」と考える。
2クレーム対応は自分の仕事ではないと考える。
3時間がないからと言い訳をする。
4クレームを真摯に受け止めない。
5お客さまが悪いと、責任転嫁する。
6だれかが対応するだろうと、放っておく。
7対応の仕方がわからない。

的確な対応を徹底するためにも、クレームは重要なビジネスチャンスの1つだととらえよう。

開店後が本当の勝負 評判を呼ぶサロンを目指そう！

「あのサロン、なかなかいいよ」とだれかに教えられ、そのお店に足を運んだことがある人は多い。口コミにまさるPR方法はない、ともいわれるが、それは開店後もいかに努力を続けられるかにかかっている。

新たな技術への貪欲さも必要

マッサージやエステなどには、特別な資格が必要なく、だれにでも比較的簡単に開業できます。しかし、プロとしてお金をいただく以上は、つねに料金に見合ったサービスを提供し、コンスタントに一定水準の施術を行うことが求められます。さらに競合サロンとの競争に勝つためには、それだけでは不十分です。

お客さまのニーズは時代とともに変化しています。そのニーズに対応し続けるには、現在の技術に満足することなく、新たな技術を習得する努力や、定期的に見直す努力も必要になってきます。

つまり、いかにリピーター客を増やせるかが、サロン成功のカギを握ります。開業後、このリピーター客が少なければ、なんらかの問題があると考えるべきでしょう。

お客さまによる口コミの力は絶大です。ささいなトラブルでも口コミで悪いウワサが広がると、お客さまが一気に離れてしまうことにもなりかねません。

逆に「あのサロンはいい」と口コミで評判になれば、既存のお客さまが新規のお客さまを呼ぶ、強力なPR効果が期待できます。

信用を失ったら挽回は難しい

儲け第一主義で高額な化粧品を売りつける例などもあり、一部のエステに世間でよくない評判があることは確かです。ですから、お客さまの信頼を得るのは、それほど簡単なことではありません。

そのうえ信頼を失うことはとても簡単です。一度、信頼を失えば、もう二度と来店してもらえません。

開業を成功させるには、確かな技術でお客さまを満足させ、なにごとにも誠意をもって取り組むことです。

それが、なによりも成功への近道になるでしょう。

■来店する動機とは？

157ページの図でも触れたが、顧客が最初にサロンへ足を運ぶ際は、「近い」「安い」が大きな動機になる。しかし、その後、継続的に利用するにあたっては「近い」「安い」ことよりも、「個別のニーズへの対応」「スタッフのホスピタリティ」といった項目を重視する。

顧客と適切な対話を行い、ニーズを突き止めることがリピーター獲得に大きな力を発揮することがわかる。

気に入ったサロンを口コミで他人にすすめる人は、こんなに多い！

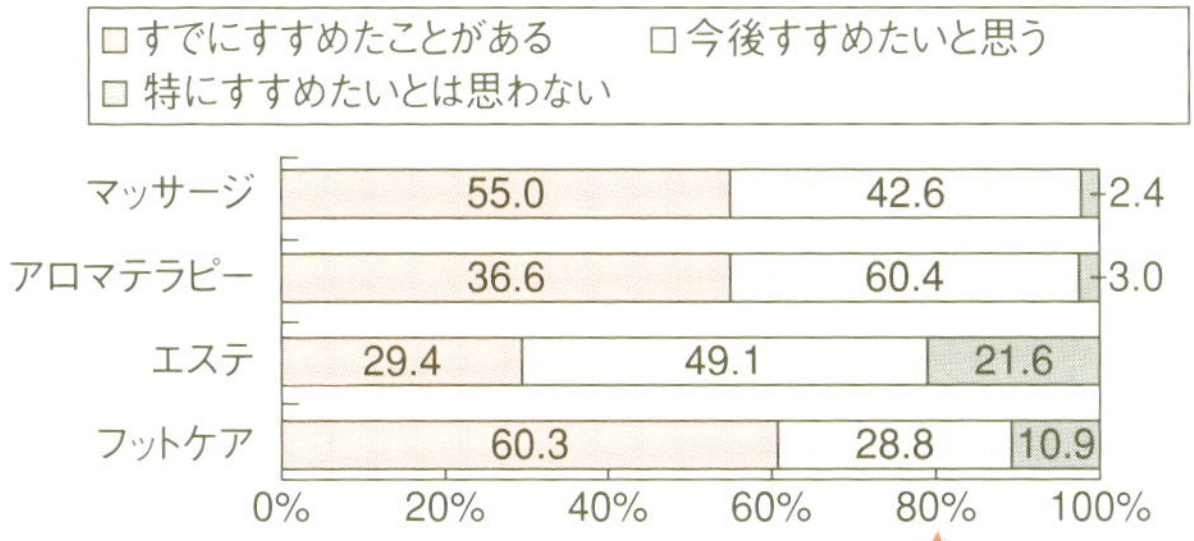

Point

8割以上の人が口コミを利用

利用者が口コミでまわりの人に及ぼす影響が大きいことがわかる。エステを除き、8割以上の人が、すでに人にすすめたり、これからすすめたいと思っている。

口コミの力は大きい！

複数回利用するリピーターが多い

リピーターになる人はどれくらい？

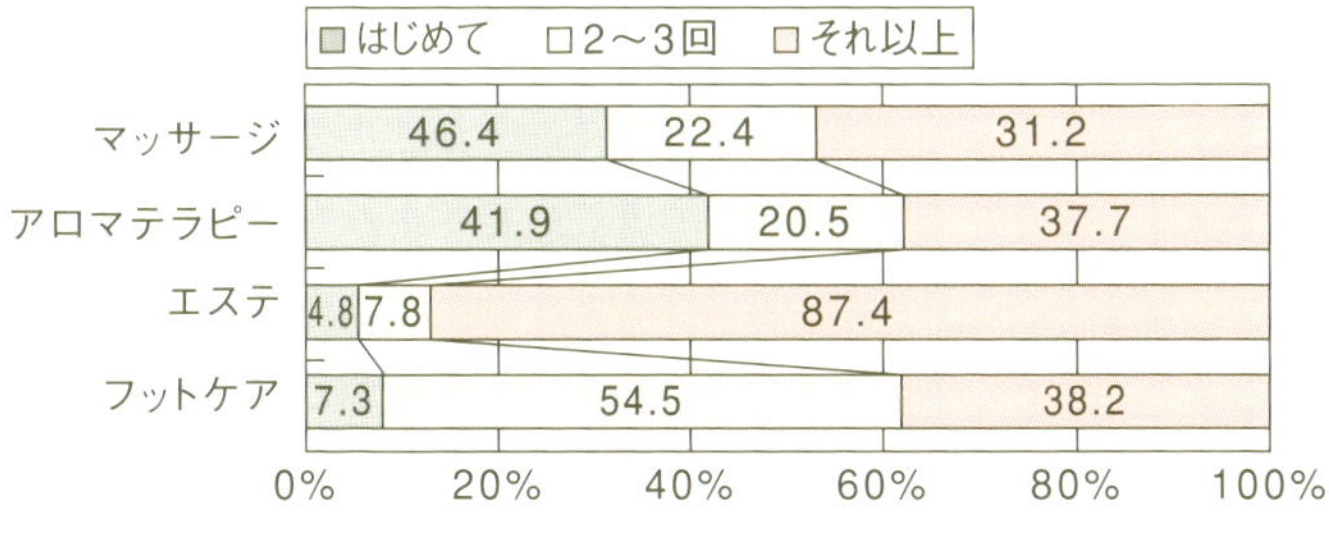

資料：中小企業総合事業団調査・国際部「平成11年度需要動向調査報告書」

外からでもお店の様子がわかる工夫を

癒しサロンやリラクゼーション施設に対して、まだまだ不信感を持っている人が少なくない。

また、なんとなく「敷居が高い」と感じている人も多いため、「行きたいけど、行きづらい」という人が多くいると思われる。そこで、お客さまを逃がさないためには、いくつかの工夫が必要になる。

●店内が見えること

サロン内が見えないと、なかで何が行われているのか、想像できないため、不安に思うお客さまも。そんな場合は、ホームページにサロン内部やスタッフの顔写真を公開するなど工夫を。

●料金体系を明確化

外看板などに、はっきり料金を掲示することで、お客さまの不安を払拭できる。

●気軽に立ち寄れる店づくり

あまりにも豪華な内装にしてしまうと、気後れして足が遠のいてしまう場合がある。カジュアルな雰囲気や、スタッフのユニフォームをあえてラフなものにする。

●著者紹介

バウンド

経済モノ、ビジネス関連、生活実用書などを得意とする、コンテンツ制作会社。企画立案から書店先まで、書籍の総合プロデュースを手がける。主な作品に、『FX外国為替保証金取引「超」入門』『はじめての「カフェ」オープンBOOK』（以上、技術評論社）『安心して生涯住めるマンション一発判定』（双葉社）『30代からの自分発見ノート』（河出書房新社）ほか。

URL http://www.bound-jp.com/

●staff

装丁·本文デザイン●中野岳人
カバーイラスト●佐藤隆志
撮影●吉村誠司／坂田隆／小山昭人
本文イラスト●里見敦子／佐藤隆志
編集·執筆協力●伊藤彩子／いのうえりえ／加藤貴世／白井英之／二階幸恵／皆川理絵
DTP●株式会社明昌堂

●本書へのご意見・ご感想は、ハガキまたは封書にて、以下の住所でお受け付けしております。電話でのお問い合わせにはお答えしかねますので、あらかじめご了承ください。

●問い合わせ先
〒141-8676　東京都品川区上大崎3-1-1
株式会社 技術評論社　書籍編集部
「はじめての「癒しサロン」オープンBOOK」
感想係

お店《みせ》やろうよ！②

はじめての「癒《いや》しサロン」

オープンBOOK《ブック》

平成17年　9月　5日　初版　第1刷発行
平成18年 11月　1日　初版　第5刷発行

著　者●バウンド
発行者●片岡　巌
発行所●株式会社技術評論社
東京都品川区上大崎3-1-1
電話　03-5745-7800　販売促進部
03-5745-7826　書籍編集部
印刷／製本●日経印刷株式会社

定価はカバーに表示してあります。

造本には細心の注意を払っておりますが、万一、乱丁（ページの乱れ）や落丁（ページ抜け）がございましたら、小社販売促進部までお送りください。送料小社負担にてお取り替えいたします。

ISBN4-7741-2469-9　C0034
Printed in Japan